関野吉晴ゼミ

カレーライスを一《いち》から作《つく》る

ポプラ社

著
前田亜紀

もし
きみが
カレーライスを
作るとしたら、
まず何をする？

1

まず、スーパーマーケットに行くかもしれない。

肉屋さんや
八百屋《やおや》さんでも
いいけどね

ビーフ？
ポーク？
野菜《やさい》？
シーフード？
ルウはどれ？

2

次は何を入れるか、具材《ぐざい》を選《えら》ぶのかな？

3 家に帰ったら、料理《りょうり》をスタート。

4

そして
盛《も》りつけて、

いただきます！

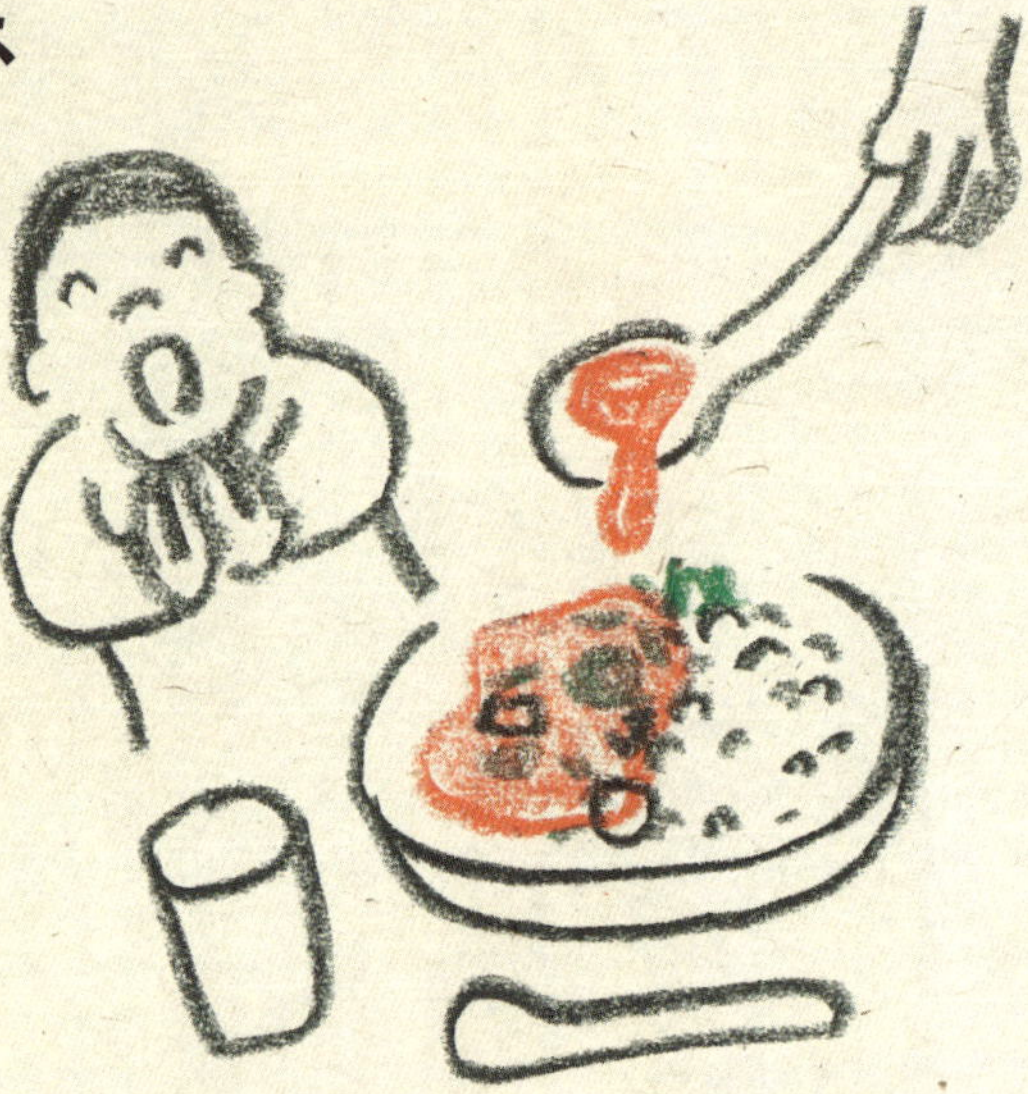

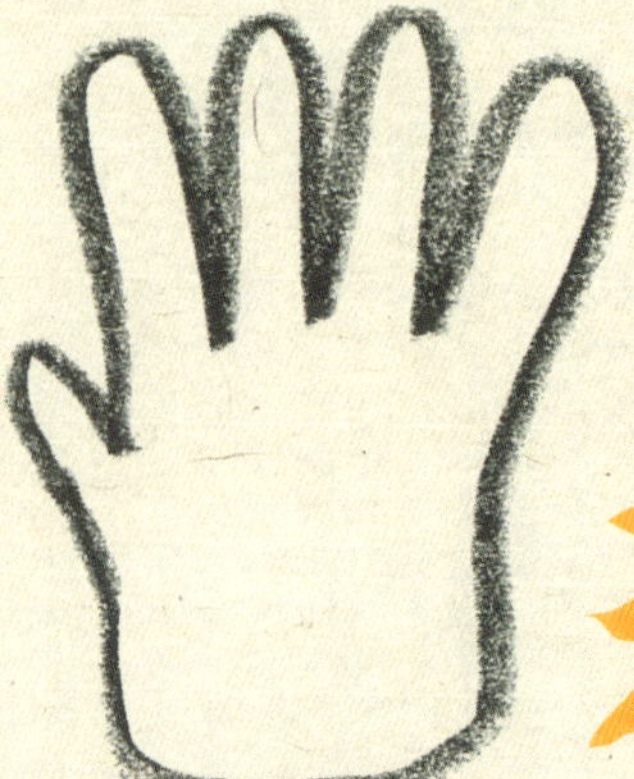

ちょっとまった！

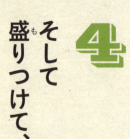

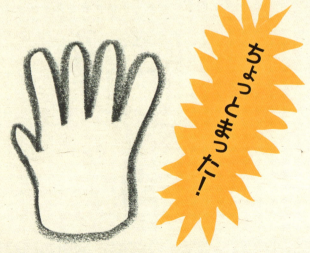

これはふつうの
カレーライス作り。
でも、
この本で紹介《しょうかい》するのは
もっと大変《たいへん》で、
もっと楽しい
カレーライス作りの授業《じゅぎょう》……

それは、すべてを
「一」から作る、
9か月のチャレンジだった!

野菜《やさい》を
種《たね》から育てて、

お米を
苗《なえ》から
育てて、

肉になる鳥も
ヒナから育てて、

塩《しお》も、スパイスも、
器《うつわ》も、スプーンも
全部一から作る。

まえがき

関野吉晴《せきのよしはる》

娘《むすめ》が2歳《さい》になったころから、海外で長旅をすることが多かった。彼女《かのじょ》が5歳のころ、パナマでアクシデントがあり、帰国した。妻《つま》は私《わたし》が刺身《さしみ》を好《す》きなことを知っているので、カツオのたたきを用意して待っていた。私が冗談《じょうだん》で、

「このカツオ、色が悪いねえ。くさっているんじゃないの?」というと、娘が即座《そくざ》に反応《はんのう》した。口をとがらせて、

「くさっているわけないよ。今日、スーパーマーケットで買ってきたばかりなんだから」という。なるほど、彼女はカツオが店頭にならぶ前に、どのように捕獲《ほかく》され、運ばれ、処理《しょり》され、トレイの上にならべられるかを知らず、カツオはスーパーマーケットで作られていると思っていたのだ。

大学生が同じように思っているとは思わないが、スーパーマーケットに来るまでの行程《こうてい》を実《じっ》際《さい》に見た学生はほとんどいない。食べ物だけではない。私たちの身のまわりを見てみると、衣《い》食住《しょくじゅう》のほとんどについて、その素材《そざい》がどこからきて、どう加工《かこう》されているか知らない。

今回の「カレーライスを一から作る」計画は、カレーライスをすべての素材《そざい》——皿、米、野《や》菜《さい》、スパイス、塩《しお》、スプーン、そして肉を最初《さいしょ》から作り、育てるという企画《きかく》だ。実際《じっさい》に体を動かし、汗《あせ》をかき、素材からカレーライスを作ることによって、若者《わかもの》たちはさまざまな障害《しょうがい》、疑《ぎ》問《もん》にぶつかる。それを乗りこえたり、疑問を解決《かいけつ》したりする過程《かてい》で、さまざまな「気づき」があると思って始めた。

この本には、学生たちの活動や、苦悩《くのう》や迷《まよ》い、問題を解決したときの喜《よろこ》び、初《はじ》めての体験《たいけん》によって気づきを得《え》る様子がえがかれている。

日本人は年間8キロの人工添加物《てんかぶつ》を食べているという。それが使用される以前《いぜん》は、私《わたし》たちが食べるものは塩以外《いがい》はすべて命だった。米、野菜、スパイスを栽培《さいばい》し、鳥を育てるという、命を育《はぐ》む体験は「命を食べる」ことを実感する体験でもある。「命を食べる」ということは「生きる」ということにもつながる。

学生たちを見ていて、特徴的《とくちょうてき》なことに気づいた。彼《かれ》らは実った稲穂《いなほ》を切るとき、野菜やスパイスをつんだり、ぬいたりしたときは、準備《じゅんび》の段階《だんかい》から明るい顔をしていた。収穫《しゅうかく》のときは、みな喜びにみちていた。

しかし、「動物の収穫《しゅうかく》」ともいうべき、動物を屠《ほふ》るときは、予想していたことではあるが、まったくちがう表情《ひょうじょう》を見せた。鳥を屠《ほふ》るとき、現場《げんば》に姿《すがた》を現《あらわ》せなかった学生、顔や視線《しせん》をそらす学生、屠る学生の顔も神妙《しんみょう》だったり、やや引きつっていたりと、うれしそうにしている人はいない。

私《わたし》たちは、えてして植物を命と思っていないところがあるようだ。

動物でも、クジラやイルカを食べるということになると大さわぎするが、蚊《か》はたたき、ダニは平気でつぶす。道路をアスファルトにすると、地下のたくさんの命が失《うしな》われていることに気がついていない。土をいじっていれば、地中にはおびただしい数の生き物がけん命に生きていることに気づいていくことになる。私たちは、ひとつの生命について考えることも必要《ひつよう》だが、私たちも一員である生態系《せいたいけい》全体のことを考えることが、さらに重要《じゅうよう》なのだと思う。

せきの・よしはる　探検家《たんけんか》・医師《いし》・武蔵野美術大学教授《むさしのびじゅつだいがくきょうじゅ》（文化人類学《じんるいがく》）。1949年生まれ。一橋《ひとつばし》大学在学《ざいがく》中に探検部《たんけんぶ》を創設《そうせつ》し、1971年アマゾン全域踏査隊長《ぜんいきとうさたいちょう》としてアマゾン川全域《ぜんいき》を下る。現地《げんち》での医療《りょう》の必要性《ひつようせい》を感じて、横浜市大《よこはましだい》医学部に入学。外科医師《いし》となって、病院勤務《きんむ》のかたわら、南米《なんべい》通いを25年間続《つづ》けた。1993年からは、アフリカに誕生《たんじょう》した人類《じんるい》がアメリカ大陸《たいりく》にまで拡散《かくさん》していった約《やく》5万3千キロの行程《こうてい》を、みずからの脚力《きゃくりょく》と腕力《わんりょく》だけをたよりに遡行《そこう》する旅「グレートジャーニー」を始める。

もくじ

プロローグ

ふだんあたりまえに食べているものが、どこでどうやって作られているのか。そのことをどこまでわかって、味わっているだろうか。

40歳《さい》になる私《わたし》は、毎日いろんなものを食べているけれど、それがどうやって作られているのかをきちんと説明《せつめい》できる食べ物はほとんどない。それってじつはとてもおかしなことではないだろうか。だから、「一からカレーライスを作る」という関野吉晴《せきのよしはる》さんの突飛《とっぴ》な計画を知り、とても興味《きょうみ》を持った。

関野さんの活動を記録《きろく》した「グレートジャーニー」というテレビ番組を学生のころにわくわくしながら見ていた私にとって、関野さんはあこがれの探検家《たんけんか》だ。だれにもまねできないような壮大《そうだい》な旅をしてきた関野さんが、東京という限《かぎ》られた場所の中で活動をするということじたい、とてもめずらしい。

これまで映像《えいぞう》の世界でドキュメンタリーを作ってきた私《わたし》は、その活動を記録《きろく》する立場で参加《さんか》してみたいと思い、関野《せきの》さんにはじめて会いにいった。

いったい、どんな寄《よ》り道《みち》をしながら、一杯《いっぱい》のカレーライスにたどりつくのだろう。期待を胸《むね》に、カメラを持って、関野さんと学生のもとに通うことにした。

2015年の春、武蔵野美術大学《むさしのびじゅつだいがく》の放課後《ほうかご》の講義室《こうぎしつ》に、100名をこえる学生たちが集まった。みんなが食べたことのある、そして、きっとだれもが好《す》きなカレーライス。それを一から作ってみようと関野さんが呼《よ》びかけたのだ。年《ねん》齢《れい》も性別《せいべつ》もさまざま、頭を金髪《きんぱつ》にそめた学生や、外国から来た留学生《りゅうがくせい》など、個《こ》性的《せいてき》な顔ぶれで講義室はいっぱいになっていた。

東京にある武蔵野美術大学は、絵画やデザインなど、美術《びじゅつ》の専門分野《せんもんぶんや》を学ぶための大学で、学生たちは全国各地《ぜんこくかくち》から集まる。探検家《たんけんか》で医師《いし》の関野さんは、この大学で、人間の文化や歴史《れきし》について学ぶ『文化人類学《ぶんかじんるいがく》』という授業《じゅぎょう》を教え

学生であふれる講義室《こうぎしつ》

ている。関野《せきの》さんの授業《じゅぎょう》はとても人気があって、教室は受講生《じゅこうせい》でいっぱいになる。座《すわ》る席《せき》がなく、通路に座って授業を受ける学生もいるほどだ。

夕方6時。前の授業を終えた関野さんが教室に到着《とうちゃく》した。

「こんばんは。関野です」とあいさつをすると、「こんばんはー」と学生たちも返す。そして関野さんは黒板に、「一からカレーライス」と書いて、その計画について話を始めた。

「ふだんカレーを作るとしたら、スーパーでジャガイモ、ニンジン、タマネギの3点セットを買って、カレールウを入れて……とやるよね。でも、もっと最《さい》初《しょ》から作ってみたら、きっといろんな気づきがあると思うんだよね」

もっと最初、つまり、スーパーマーケットで材料《ざいりょう》を買うのではなく「一から」作ってみることで、今まで気づかなかったことを発見できるのではないかというのが、関野さんの考えだ。でも、何をどうやって作るのか？ そんな学生たちの疑問《ぎもん》に答えるように、関野さんはどんな材料を一から作るのか、説明《せつめい》

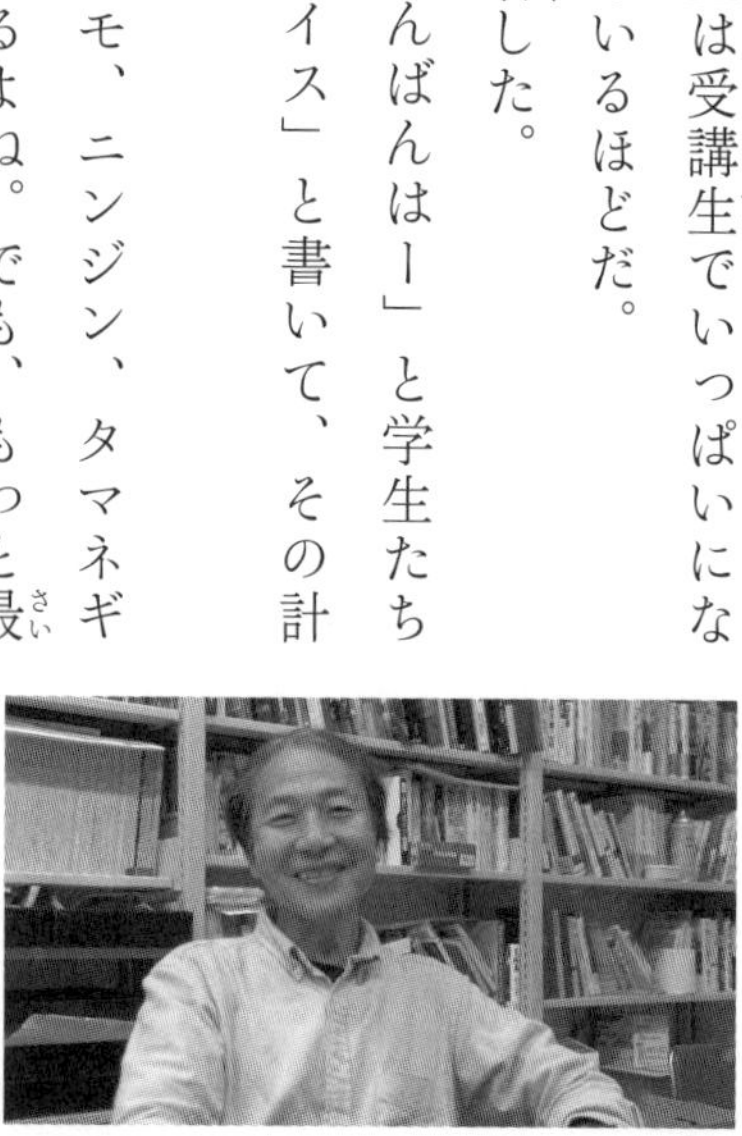

関野吉晴《せきのよしはる》さん

を始めた。

まず、ジャガイモ、ニンジン、タマネギなどの野菜《やさい》。次にお米、さらにカレー味に必要《ひつよう》なスパイス類《るい》まで、種《たね》や苗《なえ》を植えて育てていく。塩《しお》は海水をとってきて煮《に》つめて作る。途方《とほう》もない話である。いったいどれくらいの時間がかかるのだろう？　関野さんは、それについてこう話した。

「1年の学期の終わりに、一から作った食材《しょくざい》を調理してカレーを作り、みんなで食べよう」

つまり、カレーライスを1年かけて作ろうという計画だ。食材の話はさらに続《つづ》く。

「問題は………、何カレーにするかだね」といって、関野さんは、みんなにこう問いかけた。

「野菜カレーでもいいけど、肉が食べたいならビーフやポーク、チキンのカレーにしてもいいし、シーフードカレーもいいよね。何がいいかな？」

肉だったら動物を育てるところから始める。シーフードカレーだったら、海や川から魚をとってくる。そう説明《せつめい》をする関野《せきの》さんに、ある学生がこまった顔をしてたずねた。

「私《わたし》、釣《つ》りが苦手なんですけど……」

すると関野さんは、こう返す。

「潮干狩《しおひが》りして、アサリをとってきたら？」

この活動のルールはこうだ。カレーの材料《ざいりょう》を自然《しぜん》の中からとってきてもいいし、一から育ててもいい、どちらにしてもスーパーの売り場ではない〝食べ物の始まり〟をたどってみること。それをふまえたうえで、何カレーを作ろうかとみんなが考えていると、関野さんはこんな相談を持ちかけた。

「ダチョウを飼《か》いたいといっている学生がいるんだけど、みんなどう思う？」

関野さんが、ある授業《じゅぎょう》でカレー作りについて話をしたら、「ダチョウを飼ってみたい」という意見が学生から出たという。ダチョウカレー……。このやや突飛《とっぴ》なアイデアに、学生たちは「ダチョウってどんな鳥だっけ？」といった感じで、最初《さいしょ》はキョトンとしていたが、「なんだかおもしろそう……」と、やがて目をかがやかせ、ほぼ全員がダチョウを飼《か》うことに賛成《さんせい》した。

いったいどんなカレーができあがるのか、みんな興味《きょうみ》しんしんだ。関野《せきの》さんもダチョウを育てることに大いに乗り気で、「ダチョウが大学の中を走っていたら楽しいよね。ダチョウがいる大学……。ほかにないよね。入学希望者《きぼうしゃ》が増《ふ》えるかも……」などと冗談《じょうだん》をいい、みんなで笑《わら》った。そんな中、ひとりの学生が不安《ふあん》そうに質問《しつもん》をした。

「育てたダチョウを殺《ころ》すのも自分たちでやるんですか？」

「もちろん。だれかがダチョウの首を切ります」

そうあっさりと答える関野さんに、学生たちは複雑《ふくざつ》な表情《ひょうじょう》をうかべ、静《しず》まりかえった。「あ、そうだ！」突然《とつぜん》の関野さんの声に、学生たちはおどろいて肩《かた》をビクッとゆらした。関野さんの話はこう続《つづ》く。

「4本足の家畜《かちく》は、自分たちでは殺《ころ》せないんです。『屠場《とじょう》』という、家畜を肉にしてくれるところに連《つ》れていかなければならないと法律《ほうりつ》で決まっています。でも2本足の動物はいいので」

足が4本ある牛や豚《ぶた》は自分たちで殺すことはできないけれど、鳥などの足が2本の動物は自分たちでしめて肉にすることができる。関野《せきの》さんはそういって、冗談《じょうだん》めかしてこうつけくえた。

「あ、でも、人間以外《いがい》ね。人間は2本足だけど、だめですね。ははは」

どこまでが冗談で、どこまでが本気なのか、関野さんは、ドキッとすることをさらりという。学生たちは、苦《にが》にがしい表情《ひょうじょう》をうかべながら小さく笑《わら》った。

育てたダチョウを殺すなんて想像《そうぞう》がつかないけれど、学生たちは、はじめてやることへの好奇心《こうきしん》に背中《せなか》をおされるように、ダチョウカレーを作ることを決めた。

食材《しょくざい》の案《あん》が出そろったところで、関野さんはみんなにこんな提案《ていあん》をした。

「カレーライスを食べるための器《うつわ》やスプーンも一から作ろう！」

食べ物だけではなく、食べるための道具まで作ろうという徹底《てってい》ぶりだ。考えてみれば、スプーンもお皿もふだんあたりまえに使っているもの。それを一から作ってみるのはおもしろそうだと、みんなこの提案に乗った。もの作りの大学に通う美大生の腕《うで》の見せどころだ。

というわけで、野菜《やさい》、米、スパイス、ダチョウ、塩《しお》、お皿、スプーンを一から作ることになった。ふだんはみんな美術《びじゅつ》の勉強でいそがしいので、放課後《ほうかご》や休日などの空き時間を使って活動する。授業《じゅぎょう》のようで授業じゃないこのとりくみは、「関野《せきの》ゼミ」と呼《よ》ばれている。「関野ゼミ」は、専門《せんもん》や年齢《ねんれい》に関係《かんけい》なく、関野さんのもとに集まっていろいろなことにとりくむ、いわば「関野学校」のようなもの。居心地《いごこち》がいいのか、大学を卒業《そつぎょう》したあとも参加《さんか》しつづけたり、べつの大学の学生や、社会人も通っていたりする。

関野さんは、カレー作りへの参加を学生全体に広く呼びかけた。その結果《けっか》、

手をあげた学生は、総勢《そうぜい》１５０名ほどになり、そのほとんどが、「関野《せきの》ゼミ」にはじめて参加する。

関野さんは、食材《しょくざい》の育て方について、ひとつのルールを作った。それは、作物をなるべく自然《しぜん》に近い形で育てようという提案《ていあん》だ。野菜《やさい》や米をより早く、より大きく育てるための化学肥料《かがくひりょう》や、害虫《がいちゅう》を防《ふせ》ぐための農薬は一切使わないやり方で作ってみようというのだ。

そもそも畑仕事の経験《けいけん》がない学生たちは、その提案に対して、「ふーん。そういうものか……」といった反応《はんのう》で、「なぜ？」と疑問《ぎもん》を持つ学生はいなかった。関野さんも、どうしてそんなルールを提案したのか、くわしい説明《せつめい》はしない。活動を通して自分たちで考えてもらいたいということなのだろうか。

こうして、関野さんと学生たちによるカレーライス作りが始まった。

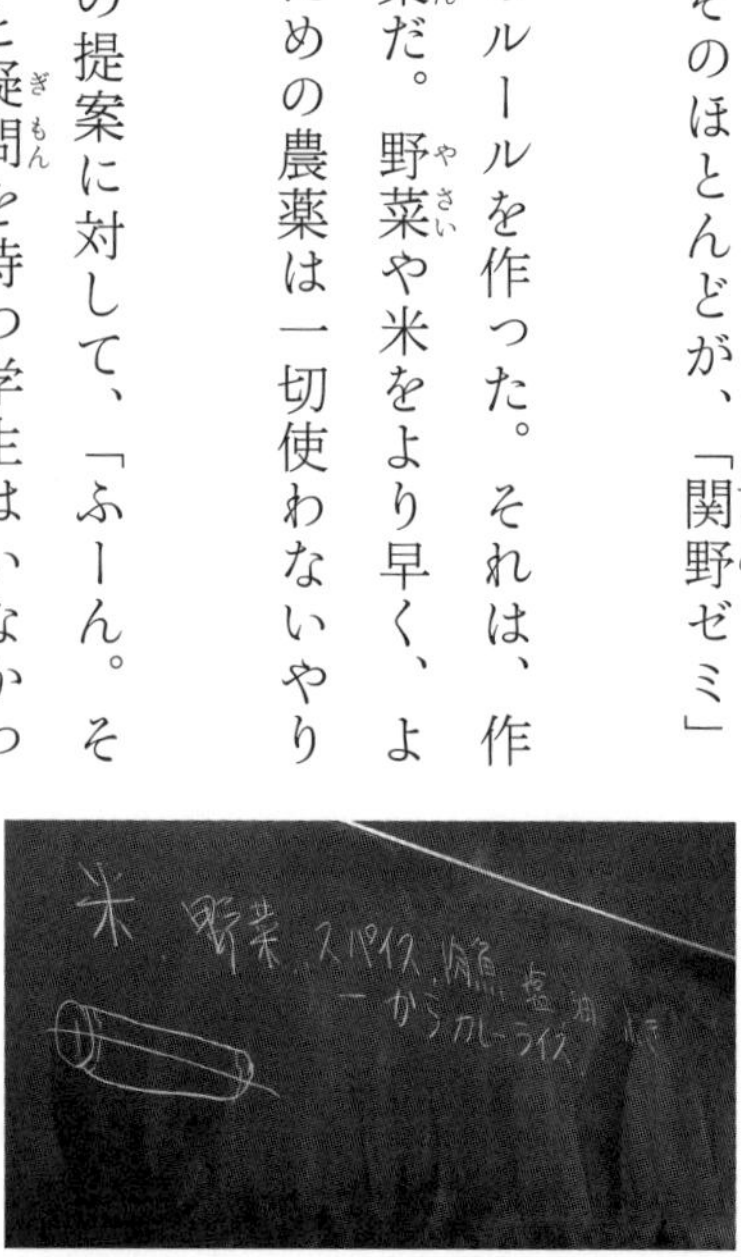

「カレーライスを一から作る」活動が始まる

野菜《やさい》を一《いち》から作《つく》る

プロジェクトが始まる！

5月3日。雲ひとつない五月晴《さつきば》れの日に、カレーライス作りはスタートした。

この日、向かったのは東京《とうきょう》の多摩地域《たまちいき》北西部の青梅市《おうめし》。大学から電車を使って1時間ほどの距離《きょり》にある東青梅《ひがしおうめ》駅に、関野《せきの》さんと学生たちは朝9時に集合した。住宅地《じゅうたくち》に囲《かこ》まれた地域から、さらにバスに乗り15分もすると、山深い景色《けしき》が広がる。木が生《お》いしげり、小川が流れ、ここも東京かとおどろく風景《ふうけい》だ。

バスを降《お》りて向かったのは、関野さんの知人である野口敏宏《のぐちとしひろ》さんのお宅《たく》だ。野口さんは、美術教師《びじゅつきょうし》をしながら、自分の手で家を建《た》て、畑を耕《たがや》し、自給自足《じきゅうじそく》に近い暮《く》らしをしている。その畑の一部を学生たちに使わせてくれるという。

関野さんは、野口さんに学生たちを紹介《しょうかい》したあと、この日の作業について話しはじめた。

「今日は、ショウガとウコンを植えようと思います」

ただし、すぐに種《たね》をまけるわけではない。野口《のぐち》さんがこう説明《せつめい》を加《くわ》えた。

「まずは草とり。それと土を起こしていく作業をガンガンとやっていきます」

野口さんが提供《ていきょう》してくれた土地は、ふだんは作物を植えていないため、雨風にさらされて土がかたくなりカチカチの状態《じょうたい》だという。カレーライス作りは、種をまく前の準備《じゅんび》、畑を耕《たがや》すところから始めることになった。

作業の説明をする野口さんの横で、関野《せきの》さんは何やら落ちつかない様子だ。「あれ?」「おかしいな」などとつぶやきながら、そわそわ。そして、「カマがない……」とボソリ。畑仕事のために持ってきたはずのカマ10本が見あたらないという。いつの間にかどこかへ消えてしまった。

といっても、大した話ではなく、どうやら駅から乗ったバスの座席《ざせき》に忘《わす》れてきてしまったらしい。「はしっこに座《すわ》ったのが悪かったな……」とブツブツつぶやきながら、関野さんはバス会社に電話をかける。「カマ10本届《とど》いてないで

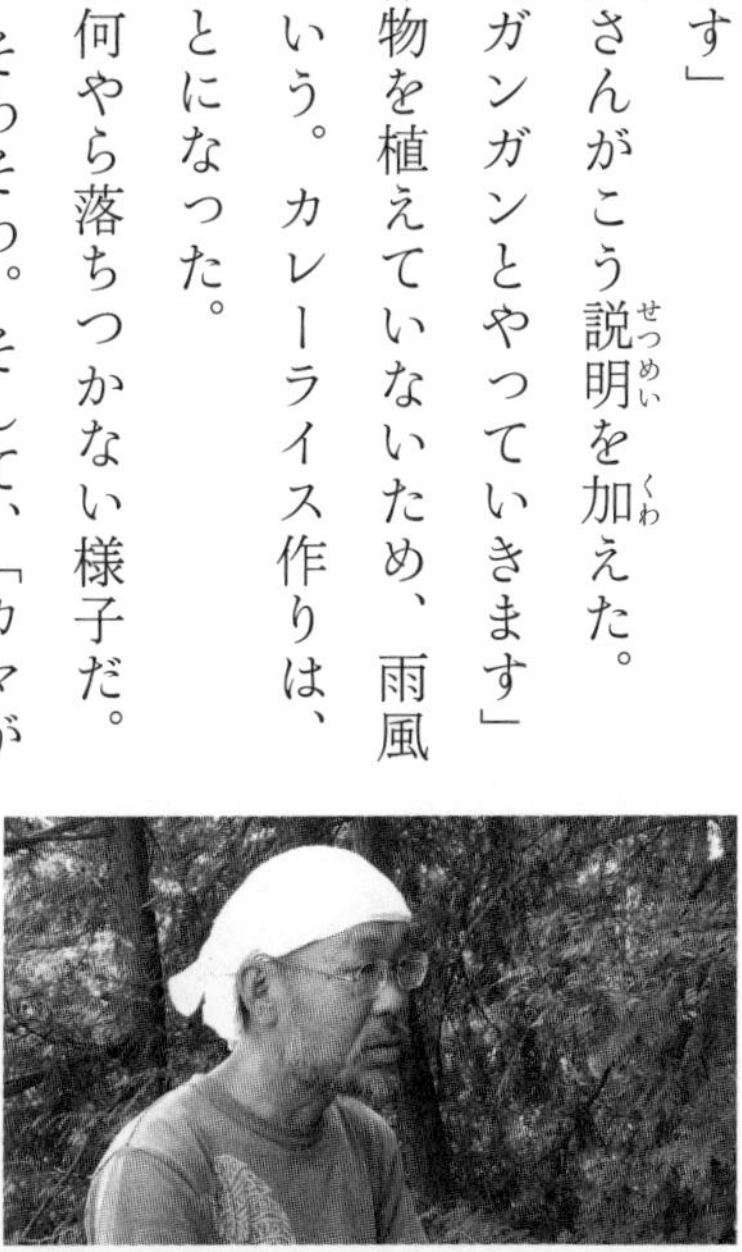

野口敏宏《のぐちとしひろ》さん

すか？　いや、農作業で使うためのものです」と、念《ねん》のための説明《せつめい》も加《くわ》え、バス会社の人に確認《かくにん》してもらうが、すぐには見つからない。

「おかしいな。しっかり持ってたんだけどなぁ」とがっかりする関野《せきの》さんに、

「いつものことだ」と野口《のぐち》さんは笑《わら》った。やがてわかってくることなのだが、関野さんはなぜかいつも何かを忘《わす》れる。結局《けっきょく》、道具は野口さんがすべて貸《か》してくれ、畑作業を始めることにした。

まずは草とり。春のこの時期、畑の雑草《ざっそう》は、土の表面をうっすらとおおう程《てい》度《ど》だ。それでも、いざ作業にとりかかってみると、小さい草をひとつひとつぬいていく作業に、「キリがない」と学生は早くもため息まじりだ。

草をとったあとは、ツルハシを使ってかたい土を起こしていく。この作業が思っていたほど簡単《かんたん》ではない。ツルハシを思いきりふりあげて地面に下ろすのだが、その刃先《はさき》が、なかなか土に入っていかないのだ。

「土、めっちゃかたい」。体をどう動かして、どこに力を入れるか。はじめて

なれないツルハシを使う学生たち

使う道具の重さに、よろよろとよろけてしまう学生もいる始末《しまつ》。かたい地面がふかふかの土になるには、しばらく時間がかかりそうだ。

まず、種《たね》を選《えら》ぶ

一から作るカレーライス。じつは、この「一から」という言葉には、関野《せきの》さんの自然《しぜん》を敬《うやま》う気持ちがひそんでいる。どういうことかというと、私《わたし》たちは自然のものを「ゼロから」作ることはできない。種から植物を育てることはできる。生まれた動物を大きく育てることもできる。でも、何もない「ゼロ」から、種や命を生みだすことはできない。だから、始まりは「ゼロ」ではなく「一」なのだ。自然が生みだす大事な「一」。それを手にいれるために種苗店《しゅびょうてん》へ向かうことになった。

関野《せきの》さんは、畑仕事をする学生たち何人かに声をかけ、畑から車で20分ほどの距離《きょり》のところにある「野口《のぐち》のタネ」という種苗店《しゅびょうてん》へ向かった。畑の指導《しどう》をしてくれている野口さんと同じ名前だが、こちらはべつの野口さんが経営《けいえい》するお店だ。

店内には、野菜《やさい》の種《たね》がところせましとならんでいる。関野さんは学生たちと相談しながら、カレーの材料《ざいりょう》になりそうなものをひとつずつ選《えら》んでいく。「ニンジン」、辛《から》みのもととなるトウガラシは2種類《しゅるい》、「鷹《たか》のつめ」に「ハバネロ」、カレーのスパイスとして欠《か》かせない「コリアンダー（パクチー）の実」、ショウガの種にあたる「種ショウガ」など……。

じつは、わざわざこのお店に来たのにはわけがある。ふだんなかなか手にいれることのできない種を置《お》いているのだ。それは、「自家採種《じかさいしゅ》できる種」といって、育てた作物から種をとり、またまけば同じように作物を育てることができる種のことを指す。

それはふつうのことのように思えるけれど、じつは今、一般《いっぱん》に売られている種《たね》のほとんどは品種改良《ひんしゅかいりょう》をされていて、作物を育てたあとに、種をとってまいても同じものを作ることができない。

品種改良は、作物の形や大きさ、味など、より好《この》まれるように、そして育てやすいように作物の遺伝子《いでんし》をかけあわせて改良する技術《ぎじゅつ》で、作物の形が均一《きんいつ》になり、流通しやすく、収穫期間《しゅうかくきかん》も短くてすむ。けれど、ひとつの種から1回（一世代）しか収穫ができないのだ。

「野口《のぐち》のタネ」は、品種改良をされていない、「自家採種《じかさいしゅ》できる種」のみをあつかっている、全国でもめずらしい種苗店《しゅびょうてん》だ。関野《せきの》さんは、なるべく自然《しぜん》に近いものを使ってカレーを作りたいと考えて、ここの種を買いにきたのだが、品種改良をされていない代わりに、生育上の欠点《けってん》もあるという。関野さんがそのことを、「野口のタネ」の従業員《じゅうぎょういん》の小野地《おのち》さんにたずねると、こんなふうに教えてくれた。

「はじめてまく時は、うまく芽《め》が出なかったり、生育がよくなかったり、形のそろいが悪かったりします」

品種改良《ひんしゅかいりょう》された種《たね》にくらべると、最初《さいしょ》はうまく育たないことが多いが、種をまいて育て、その種をとって、またまいて育てる。それをくりかえしていくうちに、その土地の風土になじんで生育がよくなるそうだ。じっくりと待つ気持ちを持って育てれば、いつかきちんと実を結《むす》ぶということだ。

種を買い、ふたたび青梅《おうめ》の畑へもどると、ちょうど12時。畑仕事の手を休め、野口《のぐち》さん手づくりのツリーハウス風のテラスに登って、みんなでお昼ご飯《はん》を食べることにした。風に木の葉がゆれる、心地のいい場所だ。学生たちは買ってきた菓子《かし》パンやおにぎり、関野《せきの》さんは房《ふさ》ごと持ってきたバナナがお昼ご飯。畑仕事に汗《あせ》を流した学生は、「体を動かすとおいしいね」といって菓子パンをほおばった。

関野さんが買ってきた種について、みんなに説明《せつめい》を始めた。一世代しか育たない種《たね》が広く使われていることについて、学生たちは、「へー！」とおどろき、「なんでそうなんだろう？」ととてもふしぎそう。でも、私《わたし》たちがふだん口にするのは、そういう種から育った食べ物がほとんどだ。

みんながお昼ご飯《はん》に持ちよったコンビニの菓子《かし》パンやおにぎり。簡単《かんたん》に手にはいって便利《べんり》かもしれないけれど、それがどこでどうやって作られているのか。この活動を通して考えてみるきっかけになるだろうか。

畑作りは午後も続《つづ》く。「腰《こし》がメリメリいう〜」とさけびながら、土を起こして耕《たがや》し、畝《うね》（畑に作物を植えつけるために土を高く盛《も》りあげたところ）を作っていく。

香辛料《こうしんりょう》となる「鷹《たか》のつめ」と「ハバネロ」は、土を浅《あさ》めにすくってまき、「種ショウガ」は、芽《め》のあるところを残《のこ》してポキッと折《お》り、深くうめる。土がカチコチにかたかった畑の一角は、日が暮《く》れるころには小さな畑となっていた。

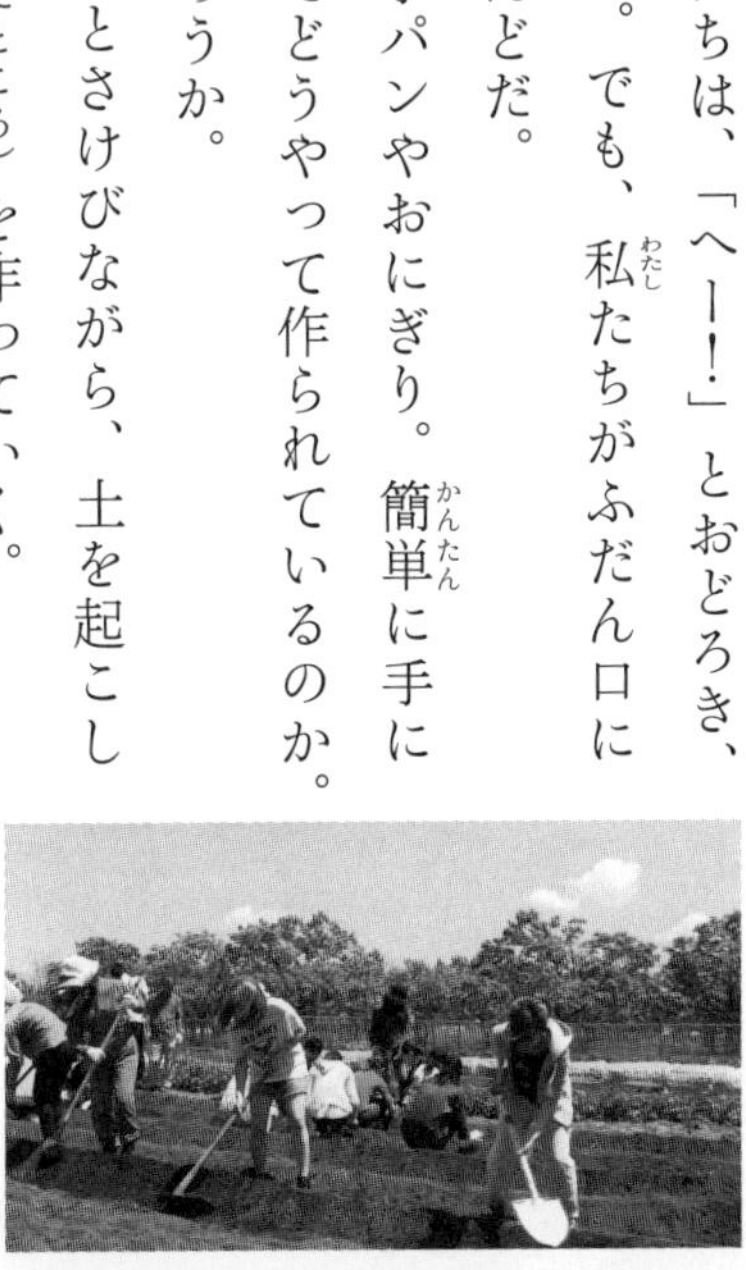

畝作《うねづく》りの様子

ジャガイモを知る

翌日《よくじつ》も畑仕事。この日は、大学から歩いて15分ほどのところにある畑に向かった。区画わけされた農地の一角を使わせてもらえることになったのだ。ここなら大学に近く、放課後《ほうかご》や空いた時間を使っていつでも通うことができる。

畑に着くと、ジャガイモを袋《ふくろ》いっぱいに持った女性《じょせい》が現《あらわ》れた。武蔵野美術大《むさしのびじゅつだい》学《がく》の卒業生《そつぎょうせい》、リー智子《さとこ》さんだ。ふだんは市民農園《しみんのうえん》を借《か》りて農作業をしているリーさんが、手伝《てつだ》いに来てくれたのだ。リーさんが袋に入れて持ってきたジャガイモは、よく見ると、太い芽《め》がたくさん出ていてシワシワ。じつは、このシワシワジャガイモが、ジャガイモの種《たね》、つまり「種イモ」だ。これを土に植えると、芽がのびて、ジャガイモが育つという。

リーさんは、この種イモといっしょにまな板と包丁《ほうちょう》、そして袋《ふくろ》に入った白っぽい粉《こな》を持ってきていた。「なんで畑に包丁《ほうちょう》？　ジャガイモ食べるのかな？」と学生は首をかしげる。どうやら、包丁は種《たね》イモを切るためのもので、切った断面《だんめん》に白っぽい粉をまぶしていくようだ。この粉、じつは〝灰《はい》〟で、ジャガイモの断面が傷《いた》んだり、くさったりするのを防《ふせ》いでくれるそうだ。傷口《きずぐち》に薬をぬるようなものらしい。

準備《じゅんび》した種イモは、男爵《だんしゃく》イモとメークイン、キタアカリの3種類《しゅるい》だ。なぜ3種類植えるのか。そのヒントとなるジャガイモの話を関野《せきの》さんは語りはじめた。

「ジャガイモの原産地《げんさんち》は、南米《なんべい》のアンデス高地で、そこでは1000種類以上《いじょう》のジャガイモが栽培《さいばい》されています」

ジャガイモは、寒い場所ややせた土地など、どんなきびしい環境《かんきょう》でも育つ強い作物だ。だから、南米から世界中に広まっていったという。関野さんの話は続《つづ》く。

「作物が育ちにくいアイルランドという国では、ジャガイモのおかげで飢《う》えが

リー智子《さとこ》さん

なくなって、みんなとても喜《よろこ》んでいたんだけど、あるとき、育てていたジャガイモが一気に全滅《ぜんめつ》してしまった。なぜだかわかる?」

アイルランドではジャガイモが全滅したことで飢《き》きんが起こり、たくさんの人が死んでしまったという。このジャガイモ全滅の理由について、「育てた土地の環境《かんきょう》のせいではないか」という意見が出た。それに対し、関野《せきの》さんは「そうじゃないよ」と首をふって、こう続《つづ》けた。

「どんな土地でもジャガイモは育てられる。だから、みんな喜んで育てはじめたわけだよね。ヒントは、ジャガイモは南米《なんべい》では〝1000種類《しゅるい》以上《いじょう》も植えられている〟という点です」

どこでも育つ強いジャガイモが全滅してしまった理由……。いったい、なんだろうか。

「答えは、ジャガイモを一種類しか育てていなかったから。大きくて形のいいのだけを選《えら》んで持ちかえり、それだけを育てていた。一種類だけだったから、

種《たね》イモを切っていく

ひとつが病気でやられると、一気にその病気が広まって全滅《ぜんめつ》してしまった。いろんな種類《しゅるい》があれば、どれかは生きのこります」

作物に限《かぎ》らず、いろいろな種類があるというのは、とても豊《ゆた》かで大事なことだと関野《せきの》さんはいう。

話が終わり、学生たちは3種類のジャガイモをありがたく植えていくことにした。土を深めに掘《ほ》り、種《たね》イモを入れ、土をかけていく。学生たちは、はじめての作業に「こんな感じでいいのかな？」と手さぐりの状態《じょうたい》だ。風がふき、土ぼこりがまう。「いたたた」と目をおさえながら、学生のひとりはこうつぶやいた。

「イモの収穫《しゅうかく》はやったことがあるけど、植えるのってやったことないよね。だれかがこうやって植えてくれていたのを、『おー、できた』とかいって収穫してたんやね。植えるところからやったほうがいいよね」

種《たね》の気《き》持《も》ちになる

ジャガイモの次は、ニンジン。強風にあおられながら、土に指をさして小さな穴《あな》を作り、直径《ちょっけい》1ミリに満《み》たない種《たね》をまいていく。担当《たんとう》していたのは萩原陸《はぎわらりく》くん。ふだんは版画《はんが》を専門《せんもん》に学んでいる大学一年生だ。どうやらはじめての種まきにこまっている様子で、関野《せきの》さんに質問《しつもん》をくりかえしている。

「関野先生、種は一度に何粒《なんつぶ》くらい入れたらいいんですか？」

「3粒くらい。浅《あさ》めにまいて」

「浅め……？　どれくらいが浅めなのかわかんないっす」

そういって、種袋《たねぶくろ》に書いてある説明《せつめい》を読みはじめた。

「光が通るくらいの浅さじゃないと芽《め》が出ないって書いてあります」

そういって、まいた種の上に慎重《しんちょう》に土をかけていく。そのそばから突風《とっぷう》がふきこみ、畑の土が風にまう。すると、萩原《はぎわら》くんが悲鳴に近い声でさけんだ。

「関野《せきの》先生、種《たね》が風で飛《と》んじゃいそうです」

「しょうがないよ、浅《あさ》くしないと芽《め》が出ないんだから」

関野さんがこまったようにそう返すと、萩原くんは、突然《とつぜん》、思いついたようにこうつぶやいた。

「そうか、種の気持ちにならないとダメなんだな」

そして、「もう少し。うん、もう少しだ」と種の気持ちを口にしはじめた。

身長が190センチ近くもある大柄《おおがら》の萩原くんが畑にかがみこみ、1ミリに満《み》たない種の気持ちになろうとしている……。本人は真剣《しんけん》そのものなのだけれど、その姿《すがた》はなんともゆかいな光景《こうけい》だった。

ほかの野菜《やさい》にくらべ、発芽《はつが》させるのがむずかしいというニンジン。萩原くんの思いにこたえて、きちんと芽を出してくれるだろうか。ニンジンの次は、コリアンダー、鷹《たか》のつめと、カレーの材料《ざいりょう》の種まきはまだまだ続《つづ》く。

萩原陸《はぎわらりく》くん

種《たね》まきのあと、リーさんが土作りについてこんな話をしてくれた。

「作物は土によって育てられますが、その土を作るのに大きな役割《やくわり》を果《は》たしてくれるのは、じつは生き物なんです。生き物は土の中を動きまわります。そうすると、作物の根っこが呼吸《こきゅう》をするための空間を作ってくれます。

生き物がフンをすると、土のつぶとかたまりになり、水もちのよいふかふかの土になります。そして、フンは肥料《ひりょう》となり、土を豊《ゆた》かにしてくれます。生き物の力を借《か》りて野菜《やさい》を育てるためには、生き物たちのつながりを守ってあげることが大切です」

生き物たちのつながりとは、畑の中だけではなく、森や川など、生き物が生息しているところとのつながりのこと。農薬をまくと、作物に悪さをする害虫《がいちゅう》はいなくなるけれど、生き物たちの世界もこわれてしまうという。

ジャガイモ、ニンジン、スパイス類《るい》の種がまかれ、この日の作業は終わった。

学生のひとりが、

「水をあげなくていいんですか？」とたずねると、

「明日、雨が降《ふ》るから大丈夫《だいじょうぶ》」と関野《せきの》さん。作物の成長《せいちょう》をなるべく自然《しぜん》にゆだねていく。まいた種《たね》はいつ芽《め》を出してくれるだろうか、みんな待ちどおしい思いだ。

「楽しみだね。見にこようね」そう話す学生たちに、

「見にくるんじゃないよ、世話するんだよ」と関野さんが念《ねん》をおす。種をまいただけでは育たない。一からのカレー作りは、まだ始まったばかりなのだ。

畑に芽《め》が!!

種まきから12日後。畑に立ちよると何かが芽を出している。よく見ると、雑《ざっ》草《そう》だ。どこからか種が飛《と》んで来たのか、そもそも土の中にあったのか、種をま

いたニンジンやジャガイモより一足先に雑草《ざっそう》が芽《め》を出した。

土の栄養分《えいようぶん》をうばい、しつこく根を張《は》る雑草は、人類《じんるい》が農耕《のうこう》を始めてから2万年、つねに人間を悩《なや》ませつづけてきたこまった存在《そんざい》だ。そんな雑草との戦《たたか》いの始まりである。

その2週間後。学生たちと畑に行くと、待ちに待った作物の芽が地面を割《わ》って顔を出していた。ジャガイモのようだ。

さらに、雑草にまぎれて生えている小さな芽も発見。「これ、なんだ？」学生のひとりはそういって、先っぽをちぎって口に入れてみた。「うっ！」なんともいえないうなり声が出る。この芽の正体は、カレーのスパイスとなるコリアンダーだった。まだまだ小さいけれど、味はしっかりと主張《しゅちょう》しているようだ。

ほかにも、芽が出ていないかと、学生たちは目をこらしながら畑を見てまわる。「育てるのがむずかしい」といわれていたニンジンはどうなっただろうか。

「あ、これニンジンじゃない？」と声があがる。一見、まるで雑草なのだが、葉の先っぽの形が少しちがう。どうやら、無事《ぶじ》に発芽《はつが》したようだ。

遅《おく》れて様子を見にきた関野《せきの》さんは、この小さなニンジンの芽《め》を見て、「1か月たってこれ？」と苦笑《にがわら》い。成長《せいちょう》が遅《おそ》すぎるという。

それでも、芽が出てくれただけありがたい。作物の成長のために、まぎらわしい雑草《ざっそう》をとってしまおうということになった。ただし、まちがって作物の芽をぬいたりしないよう、慎重《しんちょう》に進めねばならない。

「これがニンジンで、これが雑草」

「え？　それは見わけがつきませんね」

小さすぎて区別《くべつ》がつかない。

「先っぽに、少しザワザワした葉がついているのがコリアンダーです」

「うーん、視力《しりょく》を問われますね」

「あー、まぎらわしい!!」などと話しながら、おそるおそる小さな雑草をつまんでぬいていく。

ようやく発芽《はつが》したニンジン

ところで、この段階《だんかい》で草とりをする必要《ひつよう》があるのだろうか？　本当は、もう少し大きくなってからのほうが効率《こうりつ》はいいはず。まちがえて作物の芽《め》を引っこぬく危険《きけん》もない。それでも、小さな作物の芽が育っていくためにできることはなんでもやりたい、そんな思いで、身をかがめて地面をのぞきこみ、真剣《しんけん》に草をつまみとる学生たちの様子は、ちょっぴりおかしな光景《こうけい》だった。

草とりのあと、畑に水をまくことにした。この1か月、思っていたほど雨が降《ふ》らず、それが生育を遅《おく》らせている原因《げんいん》なのではないかと考えてのことだ。じょうろで水をまきながら、すくすくと成長《せいちょう》してくれることを祈《いの》った。

草とりをする学生たち

2
一《いち》からお肉《にく》を作《つく》る

ダチョウって？

ダチョウを飼《か》ってみたい、そんな提案《ていあん》から始まったダチョウカレー計画。ところで、ダチョウってどういう動物なのか？　まずそれを知ろうと、ダチョウを飼っている専門家《せんもんか》をたずねることにした。

5月の初《はじ》め、関野《せきの》さんと学生たち20人ほどで、大学から電車とバスを乗りついで1時間ほどの埼玉県新座市《さいたまけんにいざし》へ向かった。

住宅《じゅうたく》が建《た》ちならぶ道を歩いていると、〝ダチョウ牧場《ぼくじょう》〟と手書きされた看板《かんばん》がポンと現《あらわ》れた。その奥《おく》に進むと、高さ2メートルを超《こ》すダチョウが数頭、大きな羽をゆったりとばたつかせながら、柵《さく》の中をのんびりと歩いている。ダチョウだ！　長い首、くりくりとした大きな眼球《がんきゅう》と長いまつ毛。くちばしはするどく、つつかれたら痛《いた》そうだ。人間よりも大きなサイズに圧倒《あっとう》されて、学生のひとりは、「うちらのほうが食べられそうだな……」とつぶやいた。

ぼう然《ぜん》とダチョウをながめていたところ、ダチョウ牧場《ぼくじょう》の主《あるじ》、並木大治《なみきだいじ》さんが「どうも、こんにちは〜」といって現《あらわ》れた。そして、「特別《とくべつ》に」といって、私《わたし》たちを柵《さく》の中に入れてくれた。

ダチョウは、人間におびえる様子もなく、マイペースに歩きつづけている。手をのばせばふれることができそうな、そしてふれた瞬間《しゅんかん》、その長い脚《あし》でけりあげられそうな、そんな近い距離《きょり》でダチョウが歩いている。

「ダチョウにけられたこと、ありますか?」

関野《せきの》さんがそうたずねると、並木さんは、

「はい。この前もけられました」と、あっさりと答え、こう続《つづ》けた。

「けるのは興奮《こうふん》しているときですね。オスは体重が100キロくらいあって力が強いです。まぁ、けられても出血したりする程度《ていど》ですけどね。ははは」とのん気《き》に笑《わら》っている。

並木大治《なみきだいじ》さん

続《つづ》いて「くちばしでつついてきたりもするんですか？」とたずねると、「はい、つつかれます。オスは発情期《はつじょうき》になると人間がメスに見えるみたいで、つついてきますね」と並木《なみき》さんは、また平然《へいぜん》と答えた。

ダチョウを飼《か》いはじめて20年近くたつという並木さん。代だい続く畑作《はたさく》農家の長男として育った並木さんは、家業をつぐなら何か夢《ゆめ》のあることがしたいと思いたち、ダチョウを飼うにいたったそうだ。

きっかけは、テレビでダチョウを飼育《しいく》している農家が紹介《しょうかい》されているのを見たことだった。ダチョウは、牛や豚《ぶた》とちがって、大きな鳴き声を発することもなく、臭《にお》いもほとんどない。近隣《きんりん》に住宅《じゅうたく》が広がる地域《ちいき》でもダチョウなら飼うことができる。「これだ！」と直感したという。

そこから試行錯誤《しこうさくご》を重ね、ダチョウ園を開くまでになった。並木さんは、ダチョウの卵《たまご》からお菓子《かし》やアイスを開発したり、ダチョウグッズを作ってみたり、ダチョウにまつわるいろいろなものを売って商売をしている。

「ダチョウさんは摩訶《まか》ふしぎな動物です。世界で一番大きな鳥で、立派《りっぱ》な羽を持っていますが、飛《と》ぶことはできません。ただし、走るスピードは鳥の中で一番速い。左右の羽をべつべつに動かすことができる特徴《とくちょう》があって、そんな動きをするのは鳥類《ちょうるい》ではダチョウさんだけですね」

並木《なみき》さんは、ダチョウについて話すとき、必《かなら》ず〝ダチョウさん〟と呼《よ》ぶ。アフリカ原産《げんさん》のダチョウさんはもともとは草原で暮《く》らしていて、皮や肉を利用《りよう》する人間によって、家畜《かちく》として飼《か》われるようになったという。

「今回、育てて食べようと思っているのですが……」

関野《せきの》さんはいよいよ、ダチョウカレー計画のことを切りだした。すると、並木さんは、ダチョウの肉についてこう話した。

「とれる肉は少ないですね。モモとお尻《しり》の肉くらい。その代わり、内臓《ないぞう》がいっぱいあります」

肉がたっぷりついているように見える胴《どう》まわりは、じつはほとんどが内臓なのだという。

「臭《くさ》みはないんですか？」

学生からの問いかけに、並木《なみき》さんは自信《じしん》を持ってこう答えた。

「基本的《きほんてき》に臭みはないです。お刺身《さしみ》にして食べても大丈夫《だいじょうぶ》。とってもおいしいですよ。食感や味わいは魚のマグロに近いかな。それに、心臓《しんぞう》のステーキもいいし、あとレバー（肝臓《かんぞう》）もおいしいです」

「ダチョウのレバーなんて食べたことがない！」と学生たちは興味《きょうみ》しんしんだ。

「ダチョウのモツカレーもいいねー」などと盛《も》りあがる。そこに釘《くぎ》をさすように、並木さんはこういった。

「ダチョウさんは、とてもデリケートな生き物です。とくにヒナを育てるのはとてもむずかしい。生存率《せいぞんりつ》は２％《パーセント》ともいわれています。もちろん個体差《こたいさ》がありますが、弱いやつは、移動《いどう》させたり、環境《かんきょう》が変《か》わるだけで死んでしまうこともあるんです」

育てるのがむずかしいと聞いて、それでも飼《か》うかどうか、関野《せきの》さんは学生たちにあらためて確認《かくにん》したところ、全員一致《いっち》で飼いたいと手をあげた。もはや何を聞いても、育てる気満《まん》まんだ。

でも、ダチョウのヒナをどうやって手にいれるか、それが問題である。並木《なみき》さんの牧場《ぼくじょう》には、おとなのダチョウしかいなくて、ヒナが生まれる予定もないという。調べて作戦《さくせん》を立てよう、ということになった。

ダチョウカレー作《さく》戦《せん》会《かい》議《ぎ》

ダチョウ見学の9日後。放課後《ほうかご》の教室に、関野さんと学生たちが集まった。関野さんは教壇《きょうだん》に立ち、真剣《しんけん》な表情《ひょうじょう》で語りはじめた。

「今日、ある牧場に電話で相談をしました。そしたら、出ししぶり。ラクダのヒナは人気が高いからって」

みんな、キョトンとした表情《ひょうじょう》で聞いている。なぜだかわからないのだが、関《せき》野《の》さんはダチョウを〝ラクダ〟としょっちゅういいまちがえる。そして、それによっていつも話が混乱《こんらん》していくのだ。ダチョウを飼《か》うことじたい、珍《めずら》しい話だが、ラクダを飼うなんてもっとありえない。

最初《さいしょ》は学生たちもいちいち指摘《してき》をしていたけれど、それでも関野さんはいつも〝ラクダ〟といってしまう。そのたびに指摘していると話が一向に進まないので、そのうちみんな何もいわなくなった。こうして、ダチョウは〝ラクダ〟と呼《よ》ばれたまま、ヒナをどう手にいれるか、話しあいが進められた。

「関野先生、インターネットで検索《けんさく》してみたら、大阪《おおさか》で手にいれられるそうです。空輸《くうゆ》で届《とど》けてもらいますか？」

「いや、ヒナはとてもデリケートらしいから、送ってもらうより、とりにいったほうがいいと思う。でも、大阪までとりにいくのは新幹線《しんかんせん》代もかかるし現実《げんじつ》的《てき》じゃないね」

そんなやりとりをしてから、関野《せきの》さんは、ダチョウ牧場《ぼくじょう》の並木《なみき》さんにもう一度相談してみようと電話をかけた。すると、埼玉《さいたま》にダチョウをたくさん出荷《しゅっか》している大きな牧場があって、そこでヒナを買えることがわかった。並木さんが、調べて問いあわせてくれていたのだ。「おお！」と喜《よろこ》びの声があがる。

ダチョウ計画がいよいよスタートする。すると、「ヒナの名前、何にしようか？」と学生たちが話しはじめた。「〃カレー君〃にしよう」とか「関野先生がいつもまちがえるから、いっそ〃ラクダ〃を名前にしたらいいんじゃない？」などといって笑《わら》いあう学生たちに、関野さんはこういった。

「名前をつけるのはよそうね。情《じょう》が移《うつ》っちゃうから。大きい動物だと余計《よけい》にそうなるから、つけないほうがいいと思うんだ」

それを聞いて、学生のひとりから質問《しつもん》が出た。

「関野先生がこれまでに出会った人たちもそうでしたか？　食べるために飼《か》

った動物に名前をつけないのは、世界共通《きょうつう》ですか？」

「家畜《かちく》には名前をつけないよ。ペットには名前があるけどね。そしてペットは絶対《ぜったい》に食べない」

世界中を旅してきた関野《せきの》さんによると、どんな民族《みんぞく》でも家畜とペットをわけているという。関野さんが長くつきあっている南米《なんべい》の先住民《せんじゅうみん》について話をしてくれた。

「南米のアマゾン奥地《おくち》で暮《く》らすヤノマミという民族は、動物を狩猟《しゅりょう》して解体《かいたい》して食べる。それが彼《かれ》らにとって大事な食料《しょくりょう》なんだけど、ふしぎだなと思うのは、ペットとして飼《か》った動物が死んだら、とても悲しんで泣《な》きつづける」

自分たちの手で動物を殺《ころ》し、解体して食べることを日常的《にちじょうてき》に行う民族たちも、食べるための動物とペットとしての動物は、区別《くべつ》をしている。どちらも同じ命なのだけど、子どもでもその区別は明確《めいかく》にしているのだという。そして、関野さんは念《ねん》をおすようにみんなにこういった。

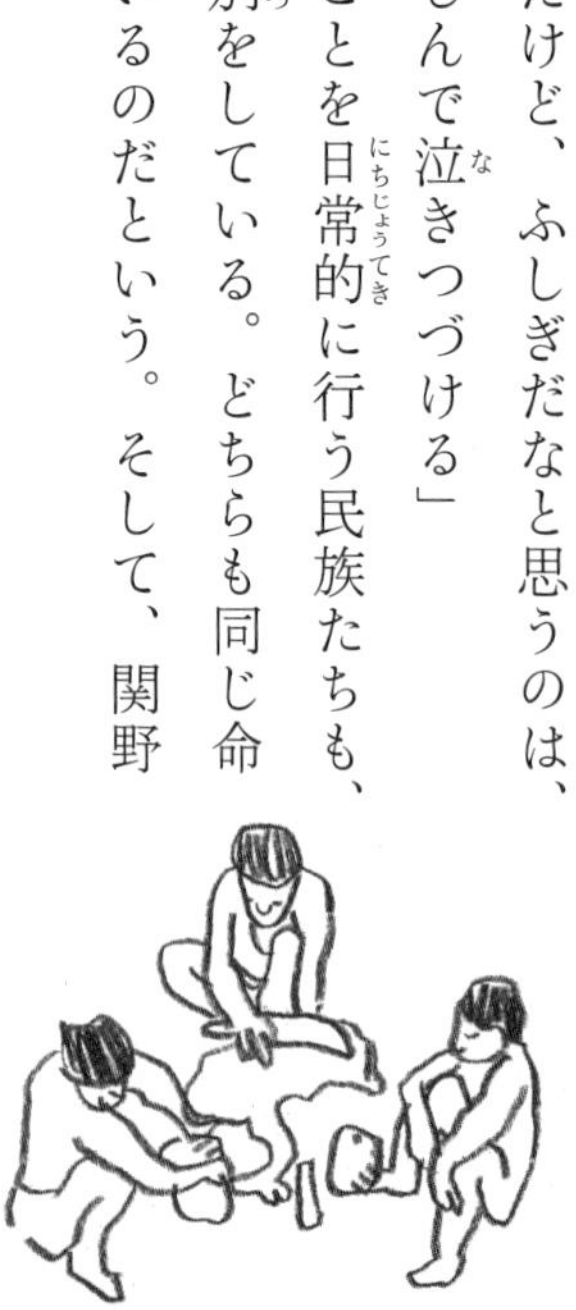

「食べられなくなるから、ラクダに名前をつけるのはよそうね」

「……ダチョウ、ですよね?」

学生からの指摘《してき》にみんなで笑《わら》った。

そのあとも関野《せきの》さんと学生たちは週に1、2度集まって、ヒナをどのように引きとるか、どのように育てるか、話しあいを重ねた。ヒナをとりにいく牧場《ぼくじょう》は、大学から車でかた道2時間かかるという。関野さんと、学生の代表者2名で、とりにいこうということになった。

問題は、そのあとのことだ。並木《なみき》さんも話していたが、ヒナを育てるのは非《ひ》常《じょう》にむずかしい。関野さんはみんなにこんな相談をした。

「本によると、生まれてから3か月までが大変《たいへん》で、暑さ、寒さ、雨に弱くて、温度と湿度《しつど》を管理《かんり》してあげなければならないそうです。これから梅雨《つゆ》が始まって、そのあとに夏休み。湿度や暑さに加《くわ》えて、毎日世話をするのもむずかしくなることを思うと、だれかの家で飼《か》ってもらうのがいいのかなと思うんだけど、どうかな？」

だれかがあずかるとなると、責任《せきにん》重大だ。だいたい、ダチョウのために、温度や湿度《しつど》を管理《かんり》できる場所を作るなんて不可能《ふかのう》に近い。安心してあずけられる環境《かんきょう》で、みんなが世話に通うこともできる、それがかなう最適《さいてき》な場所がないかな……とみんなは考えはじめた。そして、1か所だけ思いついた。ダチョウ牧《ぼく》場《じょう》の並木《なみき》さんのところだ。

並木さんはこれまでにもヒナを育てた経験《けいけん》があるし、ヒナを育てるための専《せん》用《よう》の小屋も持っている。牧場は、大学から世話に通える距離《きょり》にもある。関野《せきの》さんは、すぐに並木さんに電話で相談した。でも、ヒナの飼育《しいく》のむずかしさをだれよりも知っている並木さんは、「死なせてしまったら……」と、とても心配している様子。「生育が落ちつくまでの間だけでいいので」と関野さんが説得《せっとく》を続《つづ》け、並木さんはしぶしぶ引きうけてくれた。

ヒナを手にいれる

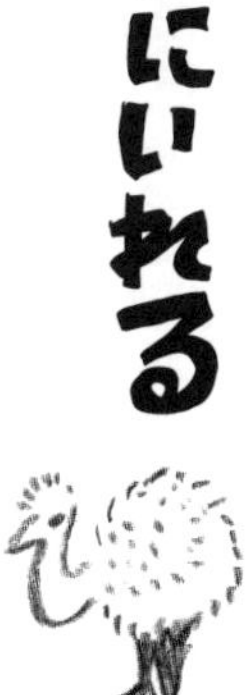

6月4日木曜日、ヒナを引きとりにいく。関野《せきの》さんが学生ふたりといっしょに車で向かったのは、埼玉県《さいたまけん》の北西部の美里町《みさとちょう》。広大な敷地《しきち》を持つダチョウの専門牧場《せんもんぼくじょう》「美里オーストリッチファーム」だ。並木《なみき》さんの牧場ではダチョウはゆったり歩いていたが、ここのダチョウは、ものすごいスピードで走っている。しかも集団《しゅうだん》で。飼育《しいく》を担当《たんとう》している山田《やまだ》さんによると、ここには450頭ものダチョウがいるという。

さっそく、ダチョウのヒナを見せてもらうことになった。ヒナは生まれてまだ2週間ほどで、よちよちと歩く姿《すがた》は何ともいえぬ愛《あい》らしさだ。

「こんなにかわいいの食べられない。どうしよう……」

学生のひとりは、こまったようにつぶやいた。当初《とうしょ》は1匹《ぴき》だけ飼《か》うつもりだったが、さびしがり屋だと聞いて、3匹《びき》用意してもらった。飼育《しいく》の注意点について、山田《やまだ》さんは念《ねん》をおすようにこう話した。

「とにかく、弱い生き物を育てているんだという気持ちであつかってください。ダチョウは耳がとてもよくて、音に敏感《びんかん》です。たとえば、ぼくが夜に見まわりのために、ファームの門のカギをガチャリと開けただけでも、はなれた柵《さく》にいるダチョウたちがバッといっせいにこっちを見るほどです。大きな声、雷《かみなり》や花火の音なんかがすると、びっくりしてパニックを起こします」

音の問題を解決《かいけつ》するために、ヒナの飼育小屋にはある工夫《くふう》がされている。うっすら聞こえるくらいの音を絶《た》え間《ま》なく流すのだ。

「こうやって、音になれさせていくんです」と、山田さんは説明《せつめい》してくれた。大きな音がすると、おどろいて走りまわり、脚《あし》を骨折《こっせつ》して死んでしまうというダチョウのヒナ。飛《と》べないダチョウにとって、歩けなくなることは死を意味するという。暑さ、寒さ、移動《いどう》によるストレスに加《くわ》えて、音にも注意しなければならない。

山田《やまだ》さんは、段《だん》ボールに入った3匹《びき》のヒナに、「おまえたち、大きくなるんだぞ」と声をかけた。そして、水分補給用《ほきゅうよう》のポカリスエットと、エサの菜《な》っ葉《ぱ》を学生たちにわたしてくれた。

こうして最初《さいしょ》の難関《なんかん》、ヒナの移動《いどう》が始まった。少し汗《あせ》ばむ初夏《しょか》のこの日、もし車のトランクなんかに入れてしまったら、暑すぎてきっと死んでしまう。かといって、車内の冷房《れいぼう》があたりすぎるところは、寒くなってしまうのでさけたほうがいい。山田さんのアドバイスを聞いて、学生はひざの上にかかえることにした。こうすれば何か異変《いへん》が起きたときにいつでも対処《たいしょ》できる。

めざすは、車で1時間半かかる並木《なみき》さんの牧場《ぼくじょう》だ。道中、音に敏感《びんかん》なヒナを思ってか、だれも口を開かず、とても静《しず》かなドライブとなった。

3匹のヒナが代わる代わるおしっこをするので、段ボールの底《そこ》はびしょびしょ。底からしみてきたおしっこでひざをびしょびしょにぬらしながら、学生は

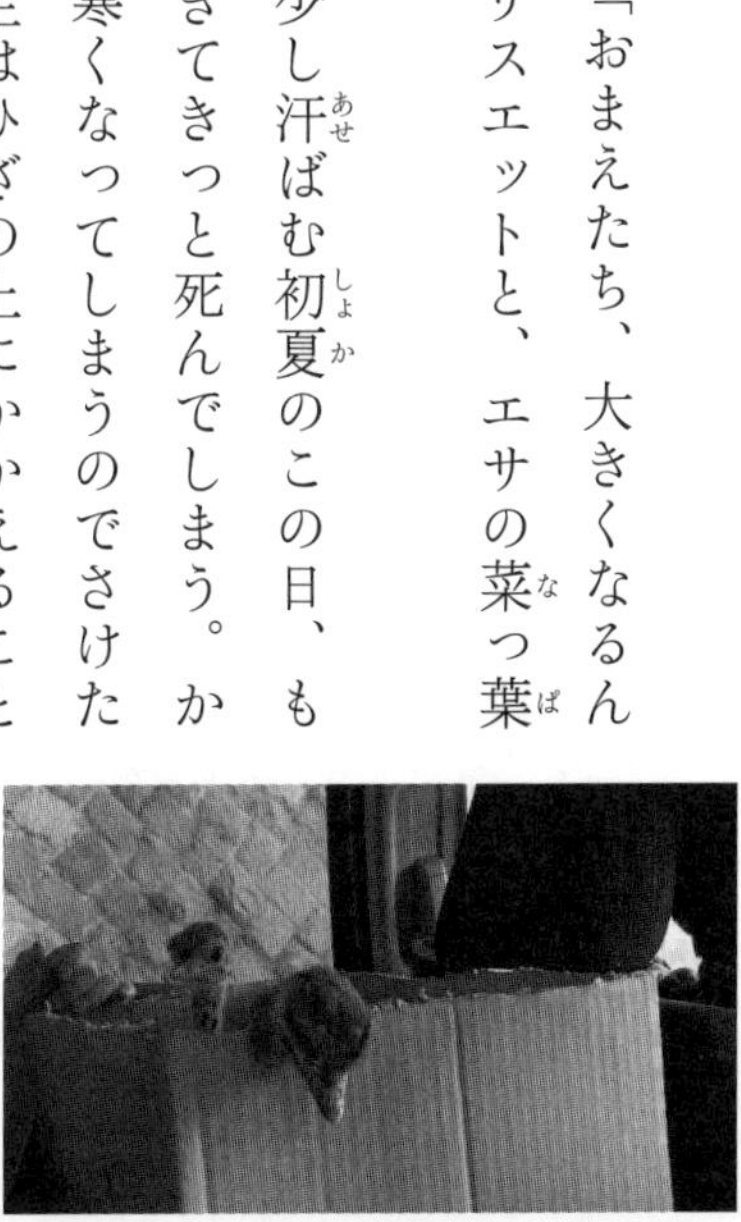

段《だん》ボールから首を出すダチョウのヒナ

こわれ物をあつかうように大事に段《だん》ボール箱をかかえていた。

なんとか無事《ぶじ》に並木《なみき》さんの牧場《ぼくじょう》へ到着《とうちゃく》すると、並木さんがヒナ専用《せんよう》の飼育《しいく》小屋に連《つ》れていってくれた。屋根つきの小屋に、ヒーターと扇風機《せんぷうき》が用意され、寒さと暑さどちらにも対応《たいおう》できるようになっている。そこに3匹《びき》のヒナをそっと放すと、学生のひとりが心配そうに、「脚《あし》がぶるぶるしてる」とつぶやいた。

新しい環境《かんきょう》のためか、ヒナはおびえるように脚を小きざみにふるわせていた。想像《そうぞう》以上《いじょう》の臆病《おくびょう》さだが、大丈夫《だいじょうぶ》だろうか。

並木さんはヒナが自力で水を飲むことができるか、エサを食べることができるか、その成長段階《せいちょうだんかい》をひとつひとつ確認《かくにん》していった。ダチョウのヒナは、まず食べる行為《こうい》を覚《おぼ》えさせることが大変《たいへん》なのだという。食べなければ、成長しないどころか、命さえも危険《きけん》になる。そのため、並木さんはこんな工夫《くふう》をしているという。

「ダチョウさんは光る物が好《す》きで、光る物をつつく習性《しゅうせい》があるんです。うちで

はシルバーのスプーンやお皿を使って、エサをあげます。そうすると、それをつついているうちにエサを食べることを覚《おぼ》えてくれます」

草食動物であるダチョウは、牧草《ぼくそう》や菜《な》っ葉《ぱ》などの野菜《やさい》を好《この》むという。エサやりや小屋のそうじなど、みんなで世話に来ることを約束《やくそく》して、この日はヒナに別《わか》れをつげた。

ヒナのゆく末《すえ》

ヒナをあずけて6日後、関野《せきの》さんは大学である課外講座《かがいこうざ》を開いた。テーマは「ダチョウの飼育方法《しいくほうほう》について」。これは、大学の学生全体に向けた講義《こうぎ》なのだが、美術《びじゅつ》大学の一般《いっぱん》の学生たちにとって、ダチョウの飼《か》い方《かた》を学ぶ必要《ひつよう》がどれほどあるのか……。そのあたりは謎《なぞ》だけれど、どういうわけか大学側《だいがくがわ》は関野さ

んがこの講座《こうざ》を開くことを認《みと》めてくれたそうだ。

講師《こうし》として呼《よ》んだのは、ダチョウ牧場《ぼくじょう》の並木《なみき》さんだ。これまで、牧場をたずねてダチョウの話を聞いてきたけれど、そこに参加《さんか》できなかった学生もいたので、この機会《きかい》にみんなでしっかりとダチョウの生態《せいたい》を学び、ダチョウカレー計画成功《せいこう》への足がかりにしよう、関野《せきの》さんにはそんな思いがあった。

放課後《ほうかご》の講義室《こうぎしつ》には100名近くの学生たちが集まっていた。中には、カレー作りのメンバーではないけれど、この一風変《か》わった講義《こうぎ》に興味《きょうみ》を持ち、参加している学生もいた。予定していた時間ちょうどに、並木さんは関野さんといっしょにやってきて、さっそく講義が始まった。

アフリカで暮《く》らす野生のダチョウの生態について、子育てはメスよりもオスのほうが熱心《ねっしん》だということ、どういう場所が暮らしやすいか、エサは何がいいのか、そして、日本でダチョウ牧場を経営《けいえい》する苦労《くろう》など、ダチョウについてたっぷり2時間も話をしてくれた。学生たちは並木さんの話をノートにメモしながら、真剣《しんけん》に聞きいっていた。

講義《こうぎ》の終わり、並木《なみき》さんは少し顔をくもらせて、机《つくえ》の上に白い小さな紙袋《かみぶくろ》を置《お》いた。

「この前、あずかりましたダチョウのヒナですが……」といって、並木さんは、こんな報告《ほうこく》をした。今朝《けさ》、小屋を見たら、1匹《ぴき》冷《つめ》たくなっていたというのだ。並木さんが置いた小さな紙袋の中には、ヒナの死がいが入っていた。

「これが現実《げんじつ》です。よく見てください」

並木さんはそういって、紙袋を学生たちに手わたした。死んだ原因《げんいん》はわからないという。移動《いどう》したことによるストレスで、強いヒナが弱いヒナをつついていじめ、弱いやつが衰弱《すいじゃく》してしまった可能性《かのうせい》が考えられるらしい。学生たちは、代わる代わる紙袋の中をのぞきこんだ。

「何か臭《にお》いがするね」

「けものの臭いだね」

「何キロくらいあるんだろう？　小さいのに結構《けっこう》重いね……」

3匹《びき》で飼《か》いはじめたダチョウは、早くも残《のこ》り2匹になってしまった。今回のカレー計画では、ダチョウを半年くらい育て、それをカレーにする予定である。あと2か月半を並木《なみき》さんの牧場《ぼくじょう》で、そのあとは大学の構内《こうない》にダチョウを移《うつ》し、育てていく。関野《せきの》さんはみんなにこう話した。

「ダチョウは世界で一番大きな鳥だけど、一番気が小さい鳥です。生後3か月まで育てるのがとてもむずかしいなか、並木さんにあずかってもらっています」

そして、並木さんは学生たちにこうお願《ねが》いした。

「あずかっている間、そうじやエサやりをしにきてください。生き物の命をあずかっているという責任《せきにん》を持ってこの活動にとりくんでほしい。それがぼくからのお願いです」

みんな静《しず》かにうなずいた。

紙袋《かみぶくろ》に入ったダチョウの死がい

ダチョウのお世話

並木《なみき》さんの講義《こうぎ》の2日後、学生たちはダチョウ牧場《ぼくじょう》をたずねた。

ヒナの飼育《しいく》小屋にはラジオの音が流れていた。音になれさせるために並木さんが置《お》いてくれたという。並木さんは学生たちに、

「あまりヒナをおどろかせないようにお願《ねが》いします」と念《ねん》をおし、そうじとエサやりの方法《ほうほう》を教えてくれた。

まず、小屋に散《ち》らばっているフンをホウキではき、エサは大根の葉っぱをきざんで飼料《しりょう》と混《ま》ぜあわせ、水をとりかえる。2匹《ひき》になってしまったダチョウのヒナは、口をパクパクさせて元気そうに動きまわっている。学生たちは、その姿《すがた》を愛《いと》おしそうにながめていた。

「ずっと見ていてもあきないね」

「鳥ってかわいいと思ったことはなかったけど……、かわいい。やばいね。食べられなくなっちゃう」などと話しながら、ほかの学生たちも世話をしに通えるよう、飼育方法《しいくほうほう》について、みんなにメールで報告《ほうこく》した。

そうじやエサのことに加《くわ》え、ヒナがどんなに愛《あい》らしいか、ある学生がこんなふうに書きそえていた。

「ヒナは、成鳥《せいちょう》には見られないぶち模様《もよう》があります。それがかわいくてこまるので、早く成長《せいちょう》して、肉らしく憎《にく》らしくなってほしいところです」

そのあと、世話に通う日の担当《たんとう》を決め、学生たちはヒナの様子をメールでこまめに報告しあった。飼育日誌《にっし》の代わりのようにメールを送りあい、ヒナが順《じゅん》調《ちょう》に育っている様子を確認《かくにん》していく。そんな中、ヒナの様子がおかしいというメールが学生から届《とど》いた。飼《か》いはじめてから16日後のことだ。

「1匹《ぴき》はずっとしゃがみこんでしまっていて、立ちあがれない感じでした。もう1匹は元気に走りまわっていましたが、並木《なみき》さんのお話によるとエサを食べ

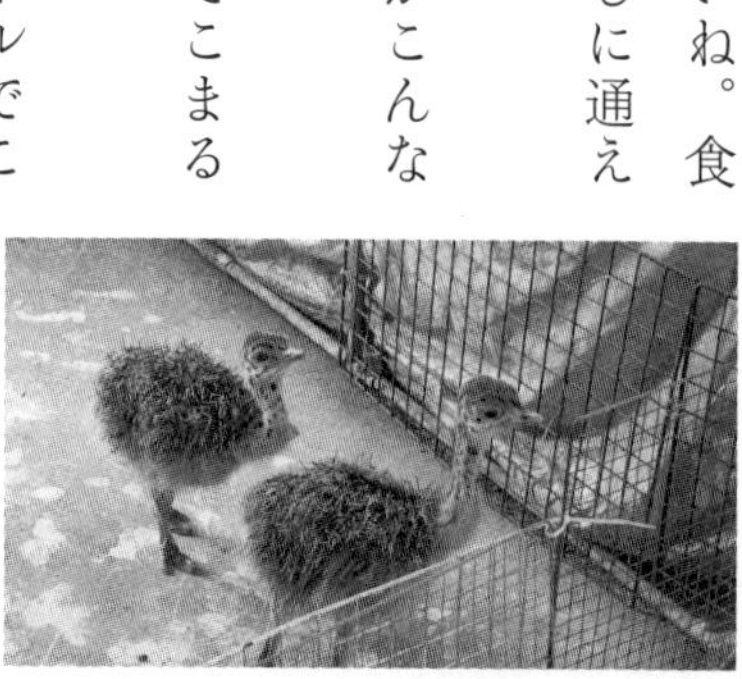

小屋で元気にすごす、残《のこ》りの2匹《ひき》

ていないそうです。もし何かあったら、お電話くださるとのことでした」

　このメールの翌日《よくじつ》、しゃがみこんでいたヒナが死んでしまったという連絡《れんらく》が入った。学生が、死がいをダチョウ牧場《ぼくじょう》から持ちかえり、放課後《ほうかご》にみんなで集まって、畑に埋葬《まいそう》することにした。学生のひとり、福田清華《ふくださやか》さんは、冷《つめ》たくかたくなったヒナの死がいをかかえ、「口もとにエサをはいたあとがある……」と悲しそうにつぶやいた。

　畑のすみにヒナの死がいを埋葬するように、と関野《せきの》さんからいわれていた萩《はぎ》原《わら》くんは、シャベルを用意してみんなを畑のすみっこに連《つ》れていってくれた。畑の世話を熱心《ねっしん》にやっている萩原くんは、まだヒナの世話に行ったことがなく、「生きているところを見たかった」と残念《ざんねん》そうにいった。線路ぞいのすみっこに小さな穴《あな》を掘《ほ》ってうめ、みんなで手を合わせる。

「まだあと1匹《ぴき》いるから……」そういって、学生たちをはげまそうとしていたのは、関野ゼミの先輩《せんぱい》、48歳《さい》の松永《まつなが》さんだ。でも、その言葉に元気はなく、と

福田清華《ふくださやか》さん（右）

てもがっかりしている様子だった。

その週末《しゅうまつ》には、たくさんの学生たちがダチョウ牧場《ぼくじょう》をおとずれた。小屋の中では、1匹《ぴき》になってしまったダチョウのヒナが元気そうに歩きまわっている。その様子をたのもしくみんなでながめていた。並木《なみき》さんが小屋にやってきて、最近《さいきん》のヒナの様子について話してくれた。

「今のところ、元気に食べているし、さびしがって鳴くこともないです。よい感じですね」

死んでしまったヒナについて、その原因《げんいん》をたずねると、並木さんは首をふって、「原因はわからないです」と申しわけなさそうに話した。

「前日までは問題ない様子でした。でもその夜、きゅうに冷《ひ》えこんで、温度の変化《へんか》がストレスになったのかなとも思いますが、はっきりとした原因はわかりません」そういって、みんなに謝《あやま》った。

並木さんは、とても責任《せきにん》を感じているようで、最後《さいご》の1匹には、栄養価《えいようか》の高いエサをあげて生きのこってくれるように手をかけているという。

「生後1か月すぎたので、うまくいけばこのまま……」そう話す並木《なみき》さんに、関野《せきの》さんが、

「あと1か月ちょっとしたら、むかえにきます。それまでよろしくお願《ねが》いします」といい、学生たちも深ぶかと頭を下げた。

最後《さいご》の1匹《ぴき》

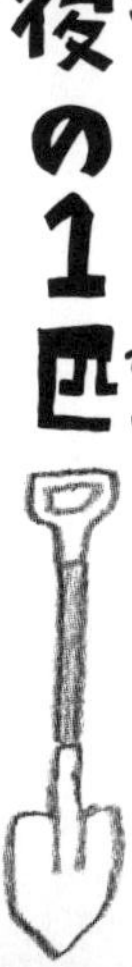

みんなで牧場《ぼくじょう》をおとずれてから1週間後、並木さんから関野さんのところへ連絡《れんらく》が入った。ヒナが危《き》とく状態《じょうたい》だという。ちょうど畑作業をしていた関野さんと学生は、並木さんの牧場《ぼくじょう》にかけつけた。
小屋の中には、その日の世話当番だという福田《ふくだ》さんが悲しそうに、ぽつんと

座《すわ》っていた。そして、その横には、ヒナがうずくまっている。もう立つこともできず、わずかに呼吸《こきゅう》をしているという状態《じょうたい》だ。

毎日様子を見ている並木《なみき》さんによると、「昨日《きのう》よりは元気そうです。よくもっています」とのことだ。学生たちは、「がんばれ」という気持ちで、ヒナの体をそっとなでつづけた。

「奇跡《きせき》のカムバックを願《ねが》っています」関野《せきの》さんは並木さんにそういって、小屋をあとにしたが、その願いが届《とど》くことはなかった。

ヒナは、その数時間後、動かなくなったという。

ダチョウを飼《か》いはじめてたった1か月で、3匹《びき》のヒナが死んでしまった。畑に埋葬《まいそう》しようと、土を掘《ほ》るためのシャベルを用意してくれた萩原《はぎわら》くんは、ヒナの死がいを見ながら、「毎回、これに立ちあってる。無念《むねん》です」とつぶやいた。

ヒナの最期《さいご》をみとった福田《ふくだ》さんが、死んだときの様子をみんなに話した。

「脚《あし》が立たなくなって、動けなくなって、あとは死を待つのみ、みたいな状態《じょうたい》になって……」

福田《ふくだ》さんの話を聞いて、年輩《ねんぱい》の松永《まつなが》さんはこうたずねた。

「立てなくなったのは、骨折《こっせつ》？　骨折したのが原因《げんいん》で死んじゃったの？」

すると福田さんは、少しとりみだした様子でこう答えた。

「いや、骨折じゃなくて、さびしさが原因みたいで……。さびしかったり、雨が長く降《ふ》ったり、そういうストレスが脚《あし》にきて、それで立てなくなったみたいで……」

1匹《ぴき》になったダチョウは、さびしさがつのり、それがストレスになって死んでしまったのではないか、と福田さんは考えていた。確《たし》かな死因《しいん》は不明《ふめい》のままだ。いずれは食べるために殺《ころ》すはずだった命。でも、こんなに早く死んでしまうとは、だれも想像《そうぞう》していなかった。

掘《ほ》った穴《あな》にダチョウの死がいをそっと入れる。埋葬《まいそう》にはじめて立ちあった学生のひとりは、穴の中の死がいを見て、「生きていた感じがしない……」とい

ヒナを埋葬《まいそう》し、手を合わせる学生たち

って、ぼそりとこうつぶやいた。

「死んじゃったのって、きれいじゃないですね」

死がいを見るのもさわるのも、気持ちのいいものではない、そう話す学生の言葉を聞いて、それはなぜだろうか？　と考えさせられる。本当はたくさんの〝死〟が日常《にちじょう》にあるはずなのに、私《わたし》たちからはそれが見えない。

「手を洗《あら》いたい」とその学生はいった。そばにいた松永《まつなが》さんは「あとできれいに洗えば大丈夫《だいじょうぶ》だよ」と、落ちつかせた。

土をかけ、みんなで手を合わせる。さすがに、次は何を飼《か》おうか、という話にはならなかった。そして、この３匹目《びきめ》のダチョウが死んだころ、あんなにたくさんいたカレー作りの参加者《さんかしゃ》は、熱《ねつ》が冷《さ》めたかのように大きく減《へ》っていった。

3 畑《はたけ》のその後《ご》

学生たちの多くがダチョウの世話に熱《ねっ》を入れていた間、畑作業は、萩原《はぎわら》くんがリーダーとなって続《つづ》いていた。

種《たね》まきから1か月半がたった6月下旬《げじゅん》、畑の様子を見にいくと、生育の様子がどうもよくない。まわりの畑の様子とくらべると、作物の背《せ》たけが明らかに低《ひく》く、なんともさびしい印象《いんしょう》なのだ。

さらに追いうちをかけるように、畑に集まる参加者《さんかしゃ》の数もどんどん減《へ》っていく。初《はじ》めは参加希望者《さんかきぼうしゃ》が150人もいたはずなのに、畑に来るのは数人程度《ていど》になってしまった。雑草《ざっそう》ばかりぬく毎日、しかも作物はなかなか成長《せいちょう》しない。変《へん》化《か》のない作業に多くの学生があきはじめているようだ。

そんな中、畑のリーダーの萩原くんは、どうやったら育ちがよくなるだろう

か？　と作物の生育のことを真剣《しんけん》に考えるようになっていた。

　東京《とうきょう》生まれ、東京育ちの萩原《はぎわら》くんは、畑仕事はほぼ初《はじ》めて。ニンジンの種《たね》を植えるときも、どうやったらいいかわからず、関野《せきの》さんに質問《しつもん》ばかりしていたほどだ。思うように育たない畑の様子を見つめながら、萩原くんは、「どうしたらいいかわからない。だれかにやり方を教えてほしい」と、ぼやくようになっていた。

　ある日、近くの畑で農作業をしているおじさんとあいさつを交《か》わすようになった。そのおじさんは、もう10年以上《いじょう》畑で作物を育てているそうで、ベテランの風格《ふうかく》だ。作物がすくすくと育っているおじさんの畑と、自分たちの畑はいったい何がちがうのだろう？

　萩原くんは、そんな思いをかかえ、おじさんに、

「なんでこんなに成長《せいちょう》が早いんですか？」とたずねた。すると、おじさんは、「たぶんね、肥料《ひりょう》がちがうんだよ」と答えた。そして、おじさんが使っている

肥料《ひりょう》について教えてくれた。

その肥料は、ホームセンターで売っていて、てのひらに少し盛《も》るくらいの量《りょう》を作物の根っこのところに一度あげれば、よく育つようになるという。そういえば、畑に肥料をあげていなかった……。萩原《はぎわら》くんの表情《ひょうじょう》から、おじさんはそのことを察《さっ》したようで、親切にこうもいってくれた。

「私《わたし》が使っている肥料をわけてあげるよ」

「ありがとうございます！」

萩原くんは、おじさんに何度もお礼をいった。おじさんの畑のように育てば、カレーの材料《ざいりょう》をちゃんとそろえることができる。これで一件落着《いっけんらくちゃく》だ。そう思いきや、畑からの帰り道に、学生のひとりが心配そうにこうたずねた。

「萩原、その肥料ってさ、今回のルールではチート（授業《じゅぎょう》や試験《しけん》で不正《ふせい》をすること）になっちゃうんじゃないの？」

おじさんがすすめてくれた肥料は、化学肥料ではないのか？　というのだ。

そうだとしたら、関野《せきの》さんが最初《さいしょ》に決めた「化学肥料《かがくひりょう》や農薬は使わない」というルールを破《やぶ》ってしまうことになる。不意《ふい》をつかれた萩原《はぎわら》くんはこういいかえした。

「でも、たったあれだけで、てのひらに少し盛《も》る量《りょう》をあげるだけで、問題が解《かい》決《けつ》するんだよ。それが化学肥料だとしてもおれは使いたい」そういう萩原くんに対して、その学生はこうつぶやいた。

「でも、人の手で育てていくことが大事なんじゃないかな……」

ミミズ作《さく》戦《せん》

畑では、ジャガイモやニンジンが葉を出しはじめていた。どのくらい成長《せいちょう》しているか見てみようと、関野さんはある日、ジャガイモをひとつ引っこぬいて

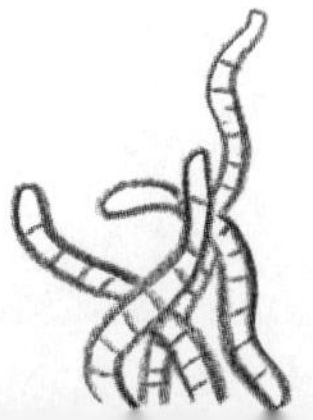

みた。土の中から出てきたのは、根っこに小さな実をつけたジャガイモ。そのたよりない姿《すがた》を見て、関野《せきの》さんはこういった。

「本来はもっと大きいはずだけど、肥料《ひりょう》がないから小さいね」

ニンジンのほうはどうだろうか。萩原《はぎわら》くんがニンジンの根っこをそっと掘《ほ》ってみる。そして、おどろきと悲しみのいりまじった声を上げた。

「すっごい細い。え、えんぴつみたい……」

こんなに成長《せいちょう》が遅《おそ》いものなのかと畑のリーダーはまた不安《ふあん》にかられていく。何かできることはないか？　卒業生《そつぎょうせい》のリーさんのアイデアで、畑にダチョウのフンをまいてみようということになった。

きっかけは、ダチョウの飼育《しいく》だ。並木《なみき》さんのダチョウ牧場《ぼくじょう》の地面には、ダチョウのフンが20年分も蓄積《ちくせき》されていて、そこにはミミズがうじゃうじゃと生息している。ミミズは畑の土をよくしてくれるそうで、ふだんから農作業をしているリーさんにとっては「宝石《ほうせき》に見える」ほどの存在《そんざい》なのだそうだ。

思うように育ってくれないニンジン

このアイデアによって、萩原《はぎわら》くんたちは、ダチョウの世話のついでに、土をもらって帰ることにした。「わ、気持ち悪！」などといいながら、うようよ動くミミズを土ごとシャベルですくい、袋《ふくろ》に入れていく。ミミズとダチョウのフンが混《ま》ざった土は、大きなゴミ袋《ぶくろ》3つ分、数十キロもの量《りょう》になった。畑に持ってかえり、てのひら一杯分《いっぱいぶん》ずつをすくって作物の横にまいていった。これで無《ぶ》事《じ》に育ってくれるだろうか。

畑のリーダーの萩原くんには、さらに別《べつ》のなやみがあった。それは「今育てているものだけで、本当にカレーライスができるのか？」という根本的《こんぽんてき》な問題だ。萩原くんは、カレーライスに必要《ひつよう》な材料《ざいりょう》について一から調べてみることにした。するとカレーは、スパイスだけでも、もっとたくさんの種類《しゅるい》があることがわかった。

いろいろ作れば、育ちの悪い作物がいくつかあったとしても、おいしいカレーになるのではないか。そんなことを考えはじめた萩原くんは、ある日、近所

ミミズの混《ま》ざった土をすくいあげる

の雑貨屋《ざっかや》でコショウの実が売られているのを見つける。これを畑にまけばコショウができるのではないか。そう思った萩原《はぎわら》くんは、さっそく、関野《せきの》さんに相談してみることにした。すると、関野さんはあっさりこういった。

「コショウは1年では作れないよ」

種《たね》を植えて木を育て、コショウとなる実を収穫《しゅうかく》するまでには少なくとも3年はかかるという。ほかの材料《ざいりょう》についても調べてみると、育てるのに1年以上《いじょう》かかるものがたくさんあった。

ふだんスーパーへ行けば、簡単《かんたん》に手にはいるものが、一から作ろうとすると、何年もかかってしまう。そのことを思いしらされた萩原くんは、今育てている作物を何とか実らせねばならないと、さらに畑仕事にのめりこむようになった。

大学の近くの畑では、ニンジンとジャガイモ、コリアンダー、トウガラシが、青梅《おうめ》の畑ではウコンが葉をのばしている。植えたはずのショウガはまだどこにも見あたらない。7月になると雑草《ざっそう》がさらに生《お》いしげり、少し放っておくと作物をおおいかくすほどだ。土の栄養分《えいようぶん》をうばう雑草《ざっそう》との戦《たたか》いが本番をむかえていた。

化《か》学《がく》肥《ひ》料《りょう》はずるい？

大学近くの畑では、萩原《はぎわら》くんが学生たちと時間を見つけて雑草を刈《か》っている。萩原くんによると、大量《たいりょう》のミミズ投入の効果《こうか》は「あまりないっぽいっす」とのことだった。

近くの畑のおじさんが、肥料《ひりょう》をわけてくれるといっていた話は、その後どうなったのだろうか。萩原くんはこまった表情《ひょうじょう》をしてこういった。

「いろいろ教えてくれるけど、化学肥料を使っているから、ぼくらにはまねできないんですよ。肥料のことも、どう断《ことわ》ればいいかわからなくて……」

萩原《はぎわら》くんは、そのことを関野《せきの》ゼミの先輩《せんぱい》、松永《まつなが》さんに相談した。48歳《さい》の松永さんは、萩原くんより30歳も年上で、かつては大手電機《でんき》メーカーにつとめる会社員だった。40歳をすぎたころに、残《のこ》りの人生をボランティア活動にささげようと決めて、仕事を辞《や》めたという。あるとき、関野さんのもとで勉強することを思いたち、大学の授業《じゅぎょう》に出席《しゅっせき》するようになったそうだ。学生ではないので、みんなからは、「社会人の松永さん」と呼《よ》ばれている。関野ゼミ生となって2年がたつ松永さんは、学生と肩《かた》をならべ、熱心《ねっしん》にカレー作りにとりくんでいる。

萩原くんから、化学肥料《かがくひりょう》のおじさんについて話を聞いた松永さんは、きっぱりとこういった。

「ぼくらは化学肥料を使わないことにしている。そのことを伝えてみて」

農薬や化学肥料は使わない、それが関野さんの決めたルールだとあらためていわれた萩原くんは「わかりました」といって、おじさんのところへひとりで

松永健吾《まつながけんご》さん

向かった。20分ほどしてもどってきた萩原《はぎわら》くんに、どうだった？　とたずねると、おじさんにこう言われたそうだ。

「有機肥料《ゆうきひりょう》を使って野菜《やさい》を育てたほうが体にはいい。でも、化学肥料を使ったほうが早く育つよ」

萩原くんは、すっかり元気をなくしていた。おじさんのせっかくの好意《こうい》を断《ことわ》ってしまったことも申しわけないし、このままで作物が育つのかもわからない。

日が暮《く》れはじめ、ほかのメンバーは帰っていく。畑に残《のこ》っているのは、萩原くんと松永《まつなが》さんだけになっていた。松永さんが帰りじたくを始めるなか、萩原くんはひとりで畑仕事を続《つづ》けている。たおれそうなトウガラシの茎《くき》を支《ささ》えるために、木の枝《えだ》を使って支柱《しちゅう》を作り、ひとつひとつひもでむすんでいく。ずっとだまっていた萩原くんが、ポツリとつぶやいた。

「なんかわかんなくなってきました。どういう畑にするのか」

作物をどんなふうに育てていくべきなのか、なぜ農薬や化学肥料を使ってはダメなのか、その代わりにどんな肥料《ひりょう》を与《あた》えればいいのか、何もかもがわからなくなってきたと、萩原《はぎわら》くんは不満《ふまん》をぶつけるように、松永《まつなが》さんに話しはじめた。少し感情的《かんじょうてき》になっている様子の萩原くんをなだめるように、松永さんは
「どういう畑にしたいの？」と萩原くんにたずねた。すると、萩原くんは、

「化学肥料は使ってもOK《オーケー》にしたい。成長《せいちょう》が早いから」という。

やはり、作物の育ちが悪いことを気にしているのだ。松永さんはそんな萩原くんを説得《せっとく》しはじめる。

「化学肥料を使うのはメリットもあるけど、デメリットもあると思うよ。なるべく自然《しぜん》に近い形で育てようって、関野《せきの》先生もいってたよね」

すると、萩原くんは怒《いか》りと悲しみが混《ま》じったような声でこういった。

「それはわかる。わかるんですけど、でも肥料をあげないと実りが悪いじゃないですか。人手も少ないし、このままだと作業量的《さぎょうりょうてき》にもきついっす」

それに対して松永さんが、こう返す。

ひとり、畑で作業を続《つづ》ける萩原《はぎわら》くん

「でも、化学肥料《ひりょう》を使うのは、ぼくはずるしてる気がするな」

それを聞いた萩原《はぎわら》くんは声を荒《あら》げてこういった。

「そうはいっても、うまくいっていないじゃないですか。どうやって育てたらいいか教えてくれる人もいないし、ひたすら雑草《ざっそう》をぬくだけ。化学肥料を使うとどれだけ育ちがちがうのか、ぼくは試《ため》してみたいんです」

なぜ化学肥料を使ってはいけないのか、納得《なっとく》ができない萩原くん。ふたりの話は平行線のまま、日はとっぷりと暮《く》れてしまった。

そして、ついに収穫《しゅうかく》

本格的《ほんかくてき》な夏のおとずれとともに、大学は夏休みに入った。
大学の近くの畑では、ジャガイモが小さな白い花をさかせている。花がさき

おわり、葉や茎《くき》がかれると、収穫《しゅうかく》する合図だという。その時期が7月の終わりにやってきた。

　種《たね》イモを植えて3か月弱、土の中でジャガイモはちゃんと育っているだろうか。土を掘《ほ》ると……あった！　少し小さめだけど、ちゃんとできている。集まった学生たちは、宝《たから》さがしのように一気に土を掘りはじめた。掘って掘って、小さな粒《つぶ》も残《のこ》らず収穫《しゅうかく》した。

　ひと仕事終えた達成感《たっせいかん》にひたりながら、ふと、あることに気づく。ジャガイモはできたけれど、カレーを調理するのはまだ半年も先の話だ。

　スーパーに行けば、カレーの材料《ざいりょう》はいつでもそろうけれど、一から作ろうとすると収穫の時期がそれぞれちがうものなのだ。土がついたままの状態《じょうたい》のほうが日持ちすると聞いて、収穫したての土つきジャガイモを袋《ふくろ》に入れて、関野《せきの》さんの研究室に運ぶ。半年後まで無事《ぶじ》にもちますように。

収穫《しゅうかく》したジャガイモ

一方、久《ひさ》しぶりに青梅《おうめ》の畑に向かうと、草がぼうぼうにのび、まさに雑草天国《ざっそうてんごく》。というわけで、雑草《ざっそう》とりのために関野《せきの》さんは学生たちに集合を呼《よ》びかけたのだが、参加《さんか》したのはわずかひとり、油絵学科《あぶらえがっか》2年の冨田春香《とみたはるか》さんだけだった。関野さんと冨田さん、社会人の松永《まつなが》さんの3人と、手伝《てつだ》いに来てくれたリーさんとで、うだるような暑さの中、草を刈《か》りつづけた。

関野さんは先生だけれど、上から指示《しじ》するだけということは決してしない。67歳《さい》の先生は、20歳の学生といっしょになってふうふうと汗《あせ》を流しながら農作業をするのだ。

いわれた通りのことをするのではなく、自分で考えて動いてほしい、関野さんはそんなふうに考えている。だから、手助けをすることもしない。化学肥料《かがくひりょう》を使いたいといっている萩原《はぎわら》くんに対しても何もいわない。自分で考えて答えを見つけてほしいと思っているのだ。

冨田春香《とみたはるか》さん

肥《ひ》料《りょう》のこたえ

雑草《ざっそう》と格闘《かくとう》しながら夏休みは終わり、9月になると新学期が始まった。学生たちは、ある日の夕方、大学近くの畑に集合した。

いち早く軍手《ぐんて》を持って現《あらわ》れたのは、青梅《おうめ》の草とりにも参加《さんか》していた冨田《とみた》さん。住まいが畑に近いという冨田さんは、夏休みの間も畑の様子をよく見にきていたという。そろそろ収穫《しゅうかく》時期のニンジンについて、「最初《さいしょ》のころよりは太くなってきた気がします」といって、うれしそうにほほえんだ。

続《つづ》いて学生が2名、軍手を持ってやってきた。そこに、萩原《はぎわら》くんが自転車に乗って現れた。自転車の後ろの荷台《にだい》には、「牛フン」と書かれた大きな袋《ふくろ》を積《つ》んでいる。

萩原《はぎわら》くんは、畑に集まった学生たちを見て、「今日は人数が多いですね」とうれしそうにいった。少し遅《おく》れて関野《せきの》さんも到着《とうちゃく》。この日の作業内容《ないよう》を萩原くんに確認《かくにん》して、まずはニンジンを収穫《しゅうかく》しようということになった。軍手《ぐんて》をはめて掘《ほ》っていく。

「お！　そこそこの大きさ……」

「こっちはすごく細いですよ」

「なんか変《へん》、ニンジンってこんなにイボイボしてたっけ？」

「ニンジンというより、ワサビみたい……」

土の中から出てきたニンジンは、細くて長かったり、太くて短かったり、細い2本がだきあったふしぎな形のものもあって、スーパーで売っているニンジンからはほど遠い姿《すがた》だった。

ほかの作物の様子も見てみようということになった。スパイスのコリアンダーは実をつけている。収穫まではもう少しという感じだ。トウガラシはきれい

収穫《しゅうかく》した、ふぞろいのニンジン

いな白い花をさかせ、緑色の実をつけている。赤いトウガラシになるにはまだまだ時間がかかりそうだ。

秋は種《たね》まきの時期でもある。8月の終わりに萩原《はぎわら》くんは、タマネギの小さな実を畑に植えたという。その芽《め》がニョキッと土から出ている。収穫《しゅうかく》できるのは12月から1月あたりの予定だそうだ。化学肥料《ひりょう》のことでモヤモヤしていた萩原くんは、なやみが晴れたようにすっきりとした表情《ひょうじょう》をしていた。そして、自転車から「牛フン」を下ろし、「肥料をまこう!」とみんなにいった。

萩原くんが持ってきた「牛フン」は、牛のフンにおがくずなどが混《ま》ざったものので、ホームセンターで一袋《ふくろ》400円で売られているという。作物の根っこのそばを掘《ほ》り、てのひらいっぱいの牛フンをまいていく。

ちょっと前まで、化学肥料の誘惑《ゆうわく》にゆれていた萩原くん。結局《けっきょく》、みんなに反対されて、畑に化学肥料を使うのはやめた。その後、ホームセンターで有機《ゆうき》肥料の「牛フン」を見つけ、ダチョウのフンをとりにいったときのことを思いだして買ってきたのだ。

「でもじつは、もっといい方法《ほうほう》があることがわかったんです」と、萩原《はぎわら》くんはうれしそうに話しはじめた。

肥料《ひりょう》のことをなやんでいた萩原くんは、近所の古本屋で肥料についての専門《せんもん》書《しょ》を見つけ、すぐさま買って読んだという。肥料の作り方を紹介《しょうかい》したその本によると、生ゴミと米ぬかを土《ど》のうという袋《ふくろ》に入れ、しばらく置《お》いておくと肥料になることが書かれていたのだそうだ。

「これなら肥料をたくさん作ることができる！」

萩原くんはそう思いたち、手づくりの肥料に挑戦《ちょうせん》することにしたのだという。必要《ひつよう》な材料《ざいりょう》はどれも簡単《かんたん》に手にはいる。生ゴミは毎日家から出るし、米ぬかは精米所《せいまいじょ》に行けばタダでもらえる。それらを入れておく土のうは10枚《まい》で２００円。牛フンを買うよりも安くあがるというわけだ。

さらに萩原くんは、ひそかにある実験《じっけん》を始めていた。自宅《じたく》に鉢《はち》をふたつ用意して、それぞれ同じようにトウガラシを植え、ひとつには有機《ゆうき》の肥料《ひりょう》を、もうひとつには化学肥料を与《あた》えて育ててみるという実験だ。肥料のちがいがどういう変化《へんか》を生むのか、やっぱり化学肥料のほうが育ちはいいのか、比較《ひかく》してみたいと考えている。

「化学肥料を使わないのがルールだから」というだけでは納得《なっとく》できなかった萩《はぎ》原《わら》くん。自分で考え、自分なりに答えを見つけたいと歩みはじめていた。

なぜ、一からカレーライス？

カレーライス作りが始まって4か月がたった。

この活動のために、休日を返上して畑に通い、ひたすら草刈《くさか》りに追われ、ときには意見をぶつけあい……。畑通いのために毎回かかる交通費《こうつうひ》（電車代やバス代）も自分たちではらっている。そのお金で、レストランのおいしいカレーライスを何杯《なんぱい》食べられるだろう。がんばって参加《さんか》したとしても、よい成績《せいせき》とか何かごほうびをもらえるわけでもない。それでも、みんながカレーライスを作りたいと手をあげたのはなぜなのか、活動の初日《しょにち》、学生たちはその動機《どうき》をこんなふうに話していた。

　まず畑のリーダーの萩原《はぎわら》くんをふくむ多くの学生は、「カレーが好《す》きだから」「スパイスを一から作るなんて、どんなカレーができるのか興味《きょうみ》がある」など、カレーへの興味を話した。

　ダチョウの最期《さいご》をみとることになった福田《ふくだ》さんは、「畑仕事を通して黄金の肉体を手にいれたい」といっていた。福田さんは、東京《とうきょう》の下町、足立区《あだちく》の出身で、大学では彫刻《ちょうこく》の勉強をしている。

　ほかにも、「ダチョウの肉に興味があって……」「楽しそう」「外で体を動かしたい」など、そぼくな理由がほとんどだった。

一方で、関野《せきの》さんがこの活動を始めた動機《どうき》はこうだ。

「ものごとの最初《さいしょ》を探《さぐ》っていくと社会が見えてくるんです。たとえば、みんながよく読む文庫本の紙。あの紙はどのように作られているのか。紙の原料《げんりょう》はパルプで、それはどこで作られているのか。たどって調べていくと、パルプを作っているところでは公害《こうがい》が起きていて、そこで暮《く》らす人たちがどんな問題をかかえているかが見えてくる。

こういう活動をなぜやるのかといったら、学生たちにいろんなことに気づいてもらいたいからです。美術《びじゅつ》大学の学生は、絵やデザインを学ぶだけでもいいのかもしれないけど、社会のことも知ってほしい。社会があってはじめて自分たちの存在《そんざい》があるんだ、ということに気づいてほしい。一から作ることによって、それぞれが受けとる気づきがあると思うのです」

畑のリーダーの萩原《はぎわら》くんは、この活動を通して畑仕事に夢中《むちゅう》になった。ひとつひとつ自分でとりくんでみると、「なんで？」という疑問《ぎもん》がたくさん生まれ、思いどおりにいかないことばかり。でも、それと同時に、知らなかったことをひとつひとつ知っていく楽しさがあるという。手をかけて育てた作物が実り、収穫《しゅうかく》をむかえたときには、これ以上《いじょう》ない喜《よろこ》びと感動を味わったそうだ。

福田《ふくだ》さんは、畑で収穫したニンジンを味見したとき、その味の強さにおどろいたそうだ。「これが本物の甘《あま》みか……」と衝撃《しょうげき》を受けた福田さんは、それまで毎日食べていた、大好《だいす》きな菓子《かし》パンを食べることを一切《いっさい》やめたそうだ。それ以来《いらい》、「本物の味ってなんだろうか？」と考えるようになったという。種《たね》から育てた、形のいびつなニンジンの味わいは、食べ物に対する彼女《かのじょ》の意識《いしき》を変《か》えたようだ。

作物を一から育てる体験《たいけん》は、学生たちの日びの生活に少しずつ変化《へんか》をもたらしていた。

1《いち》からお米《こめ》を作《つく》る

東《とう》京《きょう》の田んぼ!?

カレーライスになくてはならないお米。じつは野菜《やさい》を育てはじめていたころ、関野《せきの》さんと学生たちは、この米作りの準備《じゅんび》に苦労《くろう》していた。
そもそも、この「一からカレーライスを作る」プロジェクトでは、畑や家畜《かちく》など、さまざまな協力者《きょうりょくしゃ》がいなければ実現《じつげん》はむずかしい。その中で、もっとも協力者探《さが》しに苦労したのが、このお米作りである。
まず、東京で米作りをしているのは、多摩地域《たまちいき》などごく一部に限《かぎ》られる。畑とちがい、大量《たいりょう》の水を必要《ひつよう》とする米作りは、川から引いた用水を管理《かんり》することで成《な》りたっている。地域で協力しあって水を守らなければ、お米を作ることはできないのだ。
関野さんは米作りに協力してくれる農家を、知りあいのつてをたどって探していた。一軒《けん》、OK《オーケー》してくれるところが見つかったので、学生を連《つ》れて下見に行ったけれど、作業予定日の前日になって断《ことわ》られてしまう。関野《せきの》さんにその理由をたずねると、「学生がきちんと田んぼを管理《かんり》できるか心配になったのではないか」と話していた。

こまりはて、あらためて引きうけてくれる農家を探《さが》していたところ、東京《とうきょう》の米どころ、国立市《くにたちし》でお米を作っている北島勝俊《きたじまかつとし》さんにたどりついた。関野さんと学生たちは、さっそく、北島さんをたずねると、北島さんはほかの農家から断られた理由をこんなふうに推測《すいそく》した。

「今の米作りは、作業をすべて機械《きかい》でやるから人手がいらないんです。雑草《ざっそう》は、除草剤《じょそうざい》をまけばすむので、手伝《てつだ》いたいといわれても、かえって足手まといになってしまって、歓迎《かんげい》されないかもしれないね」

北島さんがいうように、米作りの工程《こうてい》はほとんどが機械化されている。田植えは機械でやるし、虫などの生き物が稲《いね》に悪さをしないように農薬があり、雑《ざっ》

北島勝俊《きたじまかつとし》さん

草《そう》は除草剤《じょそうざい》を使えばいちいち刈《か》る手間も必要《ひつよう》ないという。

でも、北島《きたじま》さんは、そういった農薬や除草剤を一切《いっさい》使わず、なるべく自然《しぜん》の力を借《か》りて米を作ることにこだわっているそうだ。その分、手間もかかる。だから、人手があるのはありがたい、そんな思いもあって、関野《せきの》さんの申し出を引きうけてくれたのだ。

北島さんが用意してくれた土地の面積《めんせき》は3アール（300平方メートル）ほどで、およそテニスコートくらいの広さだ。作業に入る前に、北島さんはみんなにこういった。

「田植えは楽しい作業です。大変《たいへん》なのはその準備《じゅんび》。今日は、その中でも一番大変な作業です」

米作りの始まりは、田植えではなく、田んぼの整備《せいび》だった。5月の終わりのこの時期、田んぼ予定地はまばらに草が生えた空き地のような状態《じょうたい》だ。

この日、参加《さんか》した学生は20名ほどいたが、そのほとんどが女性《じょせい》で、北島さんは「力仕事ばかりだけど大丈夫《だいじょうぶ》かな？」と心配していた。

まず、田んぼに水を引く準備《じゅんび》をする。山から流れてきた小川の水を田んぼに引くための水の道を作るのだ。水がうまく流れないと、田んぼの水がよどんでしまい、稲《いね》の育ちが悪くなるのだという。稲にとって水はとても大切なのだ。

次に、田んぼのまわりに水をためておくための土手を作る。どちらの作業も、ひたすら土や泥《どろ》を掘《ほ》りあげていく力仕事だ。畑仕事をやってきた学生も、田んぼの土は水をふくんでいるせいか、「土が重い！」と悲鳴をあげた。

そんな中、作業を続《つづ》けていると、学生たちから歓喜《かんき》の声が上がった。

「かわいい！」と学生たちを興奮《こうふん》させていたのは、カエルとオケラだった。ふだんなかなか見かけない生き物たちが元気に飛《と》びまわる姿《すがた》。北島《きたじま》さんによると、「最近《さいきん》は、地方の田んぼでも生き物たちが見られなくなっている」とのことだった。土地の整備《せいび》をきちんとしすぎているためだという。

北島さんは、生き物たちのすみかをなるべく残《のこ》しておくために、田んぼの雑《ざっ》草《そう》をすべて刈《か》りとることはしないそうだ。それでもお米を作ることは十分できる、北島《きたじま》さんはそんなふうに考えている。そのおかげで、学生たちはめずらしい生き物に大はしゃぎだ。

作業を始めて2時間ほどがたち、水の道ができあがった。自分たちが掘《ほ》った道に、小川からの水がちょろちょろとゆっくり流れこんでくる。「水がきた！」と学生たちは興《こう》ふんして声をあげ、田んぼへのゆく手がふさがれやしないかと、手で土を掘って整えながら、流れていく水を応援《おうえん》する。

やがて水は田んぼにたどりつき、みんな「おお！」と感激《かんげき》の声をあげた。流れこんだ水が田んぼに少しずつたまっていくのをほこらしくながめる。骨《ほね》の折《お》れる作業がむくわれる瞬間《しゅんかん》だった。

作業を終えると、持参《じさん》したお昼ごはんをみんなで食べようということになった。関野《せきの》さんは、またバナナをひと房《ふさ》持ってきて、おいしそうに食べながら、「一気に10本くらいは食べられるよ」と、学生たちに自慢《じまん》していた。

せっかくだから、みんなでもう一度自己紹介《じこしょうかい》をしようということになり、北《きた》島《じま》さんにもお願《ねが》いした。北島さんは、少し照《て》れながら、自分の話を始めた。

「私《わたし》は、ここで農家のあとつぎとして生まれ、もうずっとこの土地からはなれられずに暮《く》らしています。関野《せきの》さんと私は同じ年齢《ねんれい》のようですが、ずいぶん生き方がちがいますね。世界を股《また》にかけたとんでもなく広い人生と、私みたいにせまいのと。最近《さいきん》は農業にあきてきたので、私もどこかに旅に出てみたいです」

すると、関野さんは、「チェンジ！」といって、こんな話を始めた。

「ぼくは逆《ぎゃく》です。世界中を旅しながら、足もとのことを何も知らないと気づかされたんです」

海外にいると、日本についてたずねられる。すると、大まかなことは説明《せつめい》できても、くわしくは何も知らない、そんなことを関野さんは気づかされたのだという。

「自分が生まれたところや、暮《く》らしているところ、そんな足もとにある世界をちゃんと知りたいと思ったんです」

足もとを知ることが大事だと考えた関野《せきの》さんは、学生たちといっしょに、ものごとの原点を知るための活動を始めた。カレー作りもそのひとつだ。

「学生たちには、一番大切なものは何かを知ってもらいたいんです。そして、将来《しょうらい》、どんなことが起こっても大丈夫《だいじょうぶ》なように、生きていく力を身につけてもらいたいと思っています」

関野さんの考える「大切なもの」とは、自然《しぜん》への向きあい方や考え方だという。自然がなければ、人間は生きていけない。でも、現代《げんだい》の生活は、自然から遠くはなれてしまっていて、空気や水、土など、あたりまえにあるものを見すごしてしまいがちだ。そういった足もとにある世界を探《さぐ》ることも関野さんにとって、壮大《そうだい》な探検《たんけん》のひとつなのだ。

田植え

6月14日、梅雨《つゆ》が近づくくもり空の下、田んぼには一面に水が張《は》られていた。田植えというと、ふつうは5月はじめのゴールデンウイークに行うのが一般的《いっぱんてき》で、時期が少し遅《おそ》いといわれそうだが、じつは、5月に田植えをするようになったのは近年のこと。兼業農家《けんぎょうのうか》（農業をいとなみながら、農業以外《いがい》の仕事もする農家）が増《ふ》え、仕事が休みの5月の連休《れんきゅう》が田植えの時期になったのだそうだ。

この田植えのために、北島《きたじま》さんが準備《じゅんび》をしてくれていたことがいくつかある。まずは、稲《いね》の苗《なえ》を育てることだ。

カレーに合うお米、ということで、「ササシグレ」の苗を準備してくれた。味はとてもいいらしいのだが、病気にかかりやすいなどの欠点《けってん》を持っていて、あまり作られなくなった希少品種《きしょうひんしゅ》だ。お米に籾《もみ》（稲の種子についている皮）がついた状態《じょうたい》の種籾《たねもみ》を土にまいて、40日間育てた稲《いね》の苗《なえ》。それを田んぼに植えていく。はだしになって田んぼに入ると、水がひやりと冷《つめ》たい。地面の泥《どろ》はふかふかで、足がはまってうまく歩けずよろけそうになる。

苗の束《たば》をかた手ににぎり、1本1本植えていく。たおれたり、うまく成長《せいちょう》しなかったりする場合にそなえ、ふつうは、まとめて3本ずつくらいを植えるそうだが、北島《きたじま》さんは苗1本にこだわる。その理由をこんなふうに話してくれた。

「1本だけで植えたほうが、力強い稲になるんです。田植えをする段階《だんかい》の苗は、人間でいえば小学校低学年《ていがくねん》くらいの時期。ほかにたよるものがいなければ、がんばって、なんとか自分で根を張《は》ろうとするんでしょうかね」

とはいえ、1本だけを植えていくのはなかなかむずかしい作業で、手先の器《き》用《よう》な美術《びじゅつ》大学の学生たちも四苦八苦《しくはっく》だ。

「曲がってる」

「あ、たおれちゃった」

1本ずつ苗《なえ》を植える

か細《ぼそ》い1本苗《ぽんなえ》は泥《どろ》の中ではなかなか自立してくれない。たおれてしまった苗を見て、

「おれがやったのじゃないよね？」

「いや、私《わたし》じゃないよ」などと冗談《じょうだん》まじりにいいあいながら、田植えをせっせと続《つづ》ける。

北島《きたじま》さんによると、昔は田植えのスピードがとても速い名人がいたそうだ。田植えを機械《きかい》でやるのが主流となって、手で植える名人はいなくなったという。なれない田植えに打ちこむ学生たちに、このカレー作りに参加《さんか》した理由をあらためて聞いてみた。休日を返上し、日曜の朝早くから参加しているのだ。女子学生のひとりはこう話した。

「自分で食べているものを自分で作ってみたかった。小学校のときに一度田植えをやったことがあるけど、もう忘《わす》れてしまったし。泥がやわらかくて、とても気持ちいいですね」

1時間半がたち、田んぼ一面に苗《なえ》が植えられた。苗は弱よわしく、なんとか立っているという様子。これから4か月、肥料《ひりょう》は一切《いっさい》与《あた》えず、水と土の養分《ようぶん》だけで育てていく。しっかりと根を張《は》ってくれることを祈《いの》りながら、泥《どろ》にまみれた足を近くの水路で洗《あら》った。

思いのほか、学生たちを手こずらせていたのは、この泥だった。さっきまでふかふかで気持ちよかった泥は、爪《つめ》の中の細かいところまでしつこくつまって、なかなか落ちない。

じつは、田んぼの土は、畑などの土よりも粒《つぶ》が細かい。その細かい粒がぎゅっとつまって泥となり、そのおかげで、田んぼの水は、地面にしみこまず、ためられていくのだ。昔は牛などを使って田んぼを歩かせ、土の粒を細かくしていたが、今は機械《きかい》でやるそうだ。これも田んぼの準備《じゅんび》に欠《か》かせない大事な仕事なのだという。

田植えをする学生たち

しんどい草とり

1か月後、関野《せきの》さんと学生たちが田んぼをおとずれると、1本苗《ぽんなえ》だった稲《いね》はしっかりと根を張《は》っていた。田んぼには藻《も》がういていて、水面をアメンボがはねている。この日は、雨が降《ふ》る中、田んぼの草とりだ。米作りも野菜《やさい》を育てるときと同じく、「雑草《ざっそう》との戦《たたか》い」が待っている。北島《きたじま》さんは、除草剤《じょそうざい》などの薬を一切《いっさい》使わないため、草とりはすべて手作業だ。

効率的《こうりつてき》なのは、田植えをしてから2～4週間の時期に、出はじめの雑草をとっておくこと。それを放っておくと、雑草は根強く成長《せいちょう》してしまい、土の栄養《えいよう》分《ぶん》がうばわれ、稲の育ちに影響《えいきょう》が出てしまうのだ。ところで、この日集まった学生は、わずか3名。「草とり」と聞くと一気に参加者《さんかしゃ》が減《へ》るのが何ともわかりやすい。

北島《きたじま》さんは、学生と関野《せきの》さんに草とりのための道具を運んできてくれた。田《た》おし車《ぐるま》といって、先っぽに草を刈《か》りとるための刃《は》と車輪《しゃりん》がついている。除草剤《じょそうざい》が使われるようになる前、田んぼの草とりに使われていた、昔ながらの道具だ。稲《いね》と稲の間を、この車輪のついた田おし車をおして歩くと、地面の草を刈りとってくれる。さらにこの道具がすごいのは、刈った草を地面にうめこんでいってくれるのだ。刈った草はうめられることで、土の養分《ようぶん》になる。昔の日本人の知恵《ちえ》だ。

雨が降《ふ》る中、カッパで身をつつみ、この田おし車をおしながら、稲の間をゆっくり歩いていく。3歩進んで2歩下がるといった具合だ。田んぼのはしからはしを何度も行ったり来たり。決してむずかしい作業ではないというが、時間はかかる。北島さんは冗談《じょうだん》まじりにこういった。

「ひとりで広い田んぼの草とりをしているとしんどいものです。そういうとき、除草剤を使いたくなる気持ちがよくわかります。私《わたし》のやり方は、物好《ものず》きがやっ

はじめて見る田《た》おし車《ぐるま》

ていることなのでしょうね」

北島《きたじま》さんは苦笑《にがわら》いしてそういった。たしかに、田んぼのそばを通る人たちは、ものめずらしそうに私《わたし》たちを見ていく。たまに、「いったい、何をやっているんですか？」とふしぎそうにたずねてくる人もいる。昔は、田んぼではあたりまえの光景《こうけい》だったのだろうけど。

田植えから1か月の間、雨が多くて日が照《て》っている時間は少なめだった。北島さんに稲《いね》の様子をたずねたところ、「心配していたけど、何とか分《ぶん》けつしてます」とのこと。分けつとは、根に近い部分から、自分の分身を作るように枝《えだ》わかれしていくこと。苗《なえ》がたくましく根を張《は》っているあかしなのだという。

それから1か月後の8月16日。夏まっ盛《さか》りになると、稲は、背《せ》をぐんと高くのばしていた。米作りの活動に毎回参加《さんか》をしてきた学生の津田千鶴《つだちづる》さんは、その様子を見ながらしみじみとこういった。

「すごいですね。あの1本植えただけのものが、こんなに成長《せいちょう》するなんて。肥《ひ》料《りょう》をあげてもいないのに……」

緑色のロングヘアが個性的《こせいてき》な津田《つだ》さんは、日本画を学ぶ大学3年生。年齢《ねんれい》は60代くらいだろうか、初対面《しょたいめん》の相手から、いつも大学の先生や、助手とまちがえられている。津田さんは、社会人をへて、子育てもしたあとに、絵の勉強をするために大学に入学したという。「もっとたくましくなりたい」と関野《せきの》ゼミに通うようになったそうだ。

稲《いね》の成長《せいちょう》に感心していた津田さんは、そんな稲と稲の間にびっしりと生えてしまっている草が気になっているようで、こういった。

「あの子たちがいると、稲の栄養《えいよう》が食べられてしまいますね」

津田さんが〝あの子たち〟と呼《よ》ぶ草について、関野さんはこんなふうに答えた。

「少しくらいわけてあげてもいいんじゃない?」

稲のたくましい成長を見て、気持ちによゆうが生まれているのか、心の広い

津田千鶴《つだちづる》さん

意見である。そんな関野《せきの》さんに津田《つだ》さんは、

「急《きゅう》にやさしい気持ちになっていますね」とつっこみを入れ、みんなで笑《わら》った。

何はともあれ、稲《いね》が青あおと立派《りっぱ》に育っていることが、みんなうれしいのだ。

みんなで田んぼをながめているところに、北島《きたじま》さんがやってきて、この日の作業について話しはじめた。

「今日は草とりをしようと思ったけど、この時期は荒《あら》っぽいものが出てくるからやめましょう」

この時期の稲は、ほかのものを寄《よ》せつけないようにするために、葉の先っぽが細かくギザギザしていて、そこに肌《はだ》がふれると、赤くはれたり、かゆくなったりするそうだ。津田さんが気にしていた稲と稲の間に生えている草は「こなぎ」という雑草《ざっそう》だと、北島さんが教えてくれた。

たわわにしげるこなぎを見て、北島さんは、

「ここまで生えてきたら、放っておくという方法《ほうほう》もあります」とあきらめがち

に笑《わら》い、そのままにしておくことになった。だが、放っておけないやつもいる。それは、稲《いね》とそっくりの形をして、まぎれこんで生えている「ヒエ」だ。これは放っておくと大きくなり、稲の成長《せいちょう》をじゃまするから、ぬいておかなければならないそうだ。

それにしても、姿形《すがたかたち》が稲にそっくりなヒエ。そのわずかなちがいは、稲のほうはその節《ふし》に少しだけヒゲが生えていて、ヒエはのっぺりしている。見わけるのは大変《たいへん》だ。さっそく、みんなでヒエ探《さが》しを始めた。まちがえて稲をぬいてしまうのではないか、萩原《はぎわら》くんは「これ、稲じゃないですよね?」と何度も確認《かくにん》しながら、不安《ふあん》そうに引っこぬいていく。だが、少しすると、コツをつかんで、だれよりも早くヒエを見つけられるようになっていた。

ヒエとりをしているときに、遭遇《そうぐう》した生き物がいた。「イナゴ」である。昔は、炒《い》って食べていたというイナゴは、稲の葉っぱをかじってしまうので、農家からきらわれているという。でも、北島《きたじま》さんは、

「大発生はしないから、放っておきましょう」といって、こなぎ同様、そのままにしておくことにした。

北島《きたじま》さんの米作りは、自然《しぜん》の力になるべく任《まか》せていくという考え方で行われる。ふつうは、お米をたくさん収穫《しゅうかく》するために、害《がい》を与《あた》える可能性《かのうせい》がある草や虫を徹底的《てっていてき》にとりのぞく。でも北島さんは、ある程度《ていど》自然のままに任せ、それぞれの役割《やくわり》を生かしていけば、それほど収穫量《しゅうかくりょう》は落ちないと考えている。

ただし、ヒエだけは見すごせない、というわけで、ヒエとりは続《つづ》いた。津田《つだ》さんは、素足《すあし》を稲《いね》の先っぽのギザギザにやられ、

「かゆいし、ヒリヒリして痛《いた》い。稲が近寄《ちかよ》ってくるなっていってているみたい」

と悲痛《ひつう》な声をあげた。北島さんは、やっぱり、という顔をしてこういった。

「そう。だから、この時期はあまりはいらないほうがいいんです」

夏場の田んぼは、ワイルドなのだ。

ヒエとりを終え、鳥よけのための作業をほどこす。これをしなければ、スズ

メが集団《しゅうだん》で田んぼにおしよせ、稲《いね》についている実を食べつくしてしまうそうだ。田んぼの四すみに棒《ぼう》を立て、そこに細くて黒い糸を巻《ま》きつけ、田んぼのまわりを何重にも囲《かこ》う。そうすると、稲に近づこうとやってきたスズメがその糸にぶつかるという。

臆病《おくびょう》な性格《せいかく》を持つスズメは、糸にぶつかると危険《きけん》を感じて、ほかのスズメにもあそこは危《あぶ》ないぞと伝達《でんたつ》する。そうすると、スズメが田んぼに近よってくることを防《ふせ》げるそうだ。

でも、鳥がぶつかるほどの細い糸は、人間の目にも見えづらく、鳥と同じように人間も引っかかってしまう。そのため、鳥よけの糸で田んぼを囲ってしまうと、人間も田んぼに立ちいることができなくなる。これから収穫《しゅうかく》までの2か月あまりは、水と土と、草と生き物たちの力に稲の生育をお任《まか》せする。稲には花をさかせるための稲穂《いなほ》が出はじめていた。

収《しゅう》穫《かく》の日

鳥よけの糸を張《は》ってから、しばらくの間、学生たちの関心《かんしん》は、ニンジンの収《しゅう》穫《かく》のことや、ダチョウに代わる新たな家畜《かちく》をどうするかに向けられていた。そして、2か月がたち、ふたたび田んぼに集まったのは、10月11日。お米を収穫する日だ。秋晴れの空の下、稲《いね》は黄金色にかがやいている。田んぼからは、スズムシが鳴く音が聞こえている。

稲刈《いねか》りにやってきた冨田《とみた》さんは、田んぼの前で気持ちよさそうに深呼吸《しんこきゅう》して、「いい香《かお》りがしますね。草の香りかな」とつぶやいた。

今年は雨が多く、太陽が照《て》る日は少なかったが、北島《きたじま》さんは、稲の様子を見ながら「まあまあいいです」といった。たおれている稲が多かったが、それは実がついている証拠《しょうこ》なのだそうだ。直立したままたおれていない稲をよく見てみると、その穂先《ほさき》は、スズメに実を食べられてしまったのか、空っぽだった。

学生20人と関野《せきの》さんで、一面に広がる稲《いね》をひとつひとつ刈《か》っていく。この日は、関野さんもカマを忘《わす》れなかったようで、みんなにカマをわたし、作業開始。稲の根もとをカマで刈りとり、ある程度《ていど》の量《りょう》になったら、ワラでしばり、束《たば》ねていく。

「かゆい！」という声がもれる。声の主は冨田《とみた》さんだ。どうやら稲に対してアレルギーがあるようで、肌《はだ》が赤くはれていて痛《いた》いたしい。それでも、みんなといっしょに一心不乱《いっしんふらん》に稲を刈っていく。1時間もすると、すべて刈りおわり、稲と稲の間にいたこなぎが姿《すがた》を見せた。

田んぼのまん中にポールを立て、刈りとった稲の束を次つぎと引っかけていく。稲をかわかすためだ。学生たちが束ねた稲はしばりがゆるいのも多くて、稲がばらばらになってしまい、またしばりなおすという作業がくりかえされた。

大規模《だいきぼ》な米農家では、こうした干《ほ》す作業はせずに、かんそう機《き》を使って稲を

実った稲穂《いなほ》

かわかすのだが、北島《きたじま》さんのところでは、太陽の下で2週間ほど稲《いね》を干《ほ》す。晴れているときはいいけれど、雨が降《ふ》ったらすぐさまビニールがけに追われ、ずっと洗濯物《せんたくもの》を外に干すような、落ちつかない毎日をすごさねばならない。干した稲のまわりに棒《ぼう》を立て、鳥よけの糸を何重にも張《は》っていく。

作業を終え、田んぼのまん中に干された稲の山をながめながら、関野《せきの》さんはうれしそうにこういった。

「すごいね。水だけでこんなにできた」

弱よわしい1本の苗《なえ》が、水と土の養分《ようぶん》で見事に育ったのだ。縄文《じょうもん》時代から日本で受けつがれてきた米作り。長い時間をかけて蓄積《ちくせき》されてきた知恵《ちえ》や工夫《くふう》が、できあがった米の背景《はいけい》にはたくさんつまっている。学生たちにも米作りの感想を聞くと、冨田《とみた》さんは、

「草とりが一番大変《たいへん》だったかな」と、雨が降る中、田《た》おし車《ぐるま》をおして歩きつづけた日のことをふりかえった。

稲刈《いねか》りをする冨田《とみた》さん

来年のために

2週間後、脱《だっ》こく作業を行った。脱こくとは、まず稲《いね》から実をとり、実の外についた籾《もみ》という皮のようなものをとりのぞいていく作業のこと。この作業をすると、米は玄米《げんまい》になる。さらに精米《せいまい》という作業をして、いつも私《わたし》たちが食べている白米になる。

干《ほ》してかわいた稲をポールから外し、脱こく機《き》にかけていく。すると、脱こくされたお米がどんどん米袋《こめぶくろ》にたまっていく。「おいしいけど、か弱い」と心配された希少品種《きしょうひんしゅ》「ササシグレ」が、無事《ぶじ》にできあがった。

とれたお米は全部で120キロほどになった。品種のせいか、いつもより、収穫量《しゅうかくりょう》は少ないと北島《きたじま》さんは話す。脱こくが終わると、米をとりのぞいたあとのワラをべつの機械《きかい》で細かくくだいていく。北島さんは、この細かくなったワラくずを、田んぼにまきはじめた。

「これは、田んぼが作ってくれたものだから、なるべく土にお返ししようという考えです」

北島《きたじま》さんはそういって、田んぼ一面に大量《たいりょう》のワラくずをまんべんなくまいていった。細かくくだかれたワラは風にふかれてまい、きらきらと黄金色にかがやきながら、土にもどっていった。土の中で分解《ぶんかい》され、田んぼの養分《ようぶん》となる。翌年《よくとし》にまた豊《ゆた》かな実りがもたらされるように、米を収穫《しゅうかく》した直後から、次の年の米作りの準備《じゅんび》が始まっているのだ。

長い年月を重ねて、作られる土。それを思うと、「一から米を作る」というのは、本当は途方《とほう》もなく時間のかかることなのだ。風にまうワラくずを頭や体にたくさんつけて、米作りは終わった。

ヒナを5《いち》から育《そだ》てる

ふたたび

珍《ちん》鳥《ちょう》がやってきた

ダチョウの死から2か月がたった。このまま野菜《やさい》カレーになるかと思いきや、学生たちは新たな家畜《かちく》を手にいれようと動いていた。

9月なかばの休日、大学をおとずれると、構内《こうない》の広場のすみっこに、鳥を飼《か》うための小屋がふたつ、学生たちによって準備《じゅんび》されていた。小屋の中では、新たな家畜のウコッケイのヒナが2匹、エサをついばんでいる。世話をしにきた冨田《とみた》さんに話を聞くと、1週間ほど前に、秩父《ちちぶ》の業者から買い、運輸《うんゆ》会社に届《とど》いたヒナを大学に連《つ》れてきたのだという。

ウコッケイはニワトリのなかまで、高級な鳥だ。冨田さんが調べた情報《じょうほう》によると、ふつうのニワトリにくらべて、卵《たまご》を産《う》む数が少ないことが高価《こうか》になっている理由のひとつなのだとか。

冨田《とみた》さんは、ウコッケイの性質《せいしつ》、飼育《しいく》の注意点などをよく調べあげていて、その理由を聞くと、「ダチョウが死んだことに責任《せきにん》を感じて」といった。カレー作りにもっと真剣《しんけん》にとりくみたい、そう考えて、アルバイト先のラーメン屋の出勤《しゅっきん》の日数を減《へ》らしてもらったほどだという。

冨田さんがウコッケイの世話をしているところに、段《だん》ボール箱をかかえた壁《かべ》井《い》さんという女子学生が現《あらわ》れた。段ボール箱の中から、ピョーピョーと鳴き声が聞こえてくる。さらにもう一種類《しゅるい》、新たな家畜《かちく》の登場だ。

その箱をそっと開いた冨田さんは、「かわいい!」と声を上げた。中にはいっていたのは、ホロホロ鳥《ちょう》のヒナ。千葉でホロホロ鳥を飼《か》っている人から1匹《ぴき》5千円で売ってもらったという。

こうして、ウコッケイとホロホロ鳥の飼育が始まった。

ダチョウを飼うときもそうだったが、何を育てるかは学生たちが相談して決めている。関野《せきの》さんも一応《いちおう》、

「ふつうのニワトリのほうが、環境《かんきょう》に強くて育てやすいよ。カレーに入れる肉もたくさんとれるしね」と、アドバイスをしていたが、学生たちがその助言に耳を貸《か》すことはなかったようだ。これでウコッケイカレーと、ホロホロ鳥《ちょう》カレーを作るという。

ホロホロ鳥の飼育《しいく》のために準備《じゅんび》した小屋にヒナを放す。冨田《とみた》さんは、すぐにスマートフォンをとりだし、ホロホロ鳥について調べはじめた。

それによると、ホロホロ鳥は「食鳥《しょくちょう》の女王」と呼《よ》ばれ、「肉はジューシーで、口の中でとろけるような食感」なのだそうだ。日本ではあまりなじみはないが、フランス料理《りょうり》などに使われる高級食材《しょくざい》だ。

だが、育てるのは簡単《かんたん》ではない。まず、寒さに弱い。そして、神経質《しんけいしつ》で警戒《けいかい》心《しん》が強い性格《せいかく》のため、世話をするときには、ハデな色の服装《ふくそう》はさけなければならないなど、注意点がいくつもあるという。

壁井《かべい》さんは、エサと水を小屋のまん中に置《お》き、寒さ対策用《たいさくよう》に持ってきた携帯《けいたい》

ホロホロ鳥《ちょう》

用《よう》カイロをこすって温め、いっしょに置《お》いた。ヒナは人間におびえている様子で、いっこうにエサに近づく気配はなく、小屋のすみっこにとどまっている。

こまり顔の壁井《かべい》さんを冨田《とみた》さんはこういってはげました。

「ウコッケイもここに来たばかりのときは、警戒《けいかい》してエサも全然《ぜんぜん》食べなかったよ。でも、１週間たった今はエサにがっついていて、元気に育っているから大《だい》丈夫《じょうぶ》だよ」

カレーを作る日まであと４か月弱。ちゃんと大きくなってくれるか、寒さでたおれてしまわないか、心配はつきないが、ダチョウのようなことが二度と起きないように、注意深く見守り、大切に育てていくつもりだ。

こうして、大学の中でウコッケイとホロホロ鳥《ちょう》を飼育《しいく》する毎日が始まった。

ウコッケイ

学生たちは、ウコッケイ班《はん》とホロホロ鳥《ちょう》班にわかれ、エサやりや水の交換《こうかん》、小屋のそうじなど、毎日の世話を当番で受けもった。ここで、早くもある問題にぶつかった。「鳥にどんなエサを与《あた》えるべきか?」ということだ。

安く簡単《かんたん》に手にはいるのは、ホームセンターなどで売っている、「配合飼料《はいごうしりょう》」と書かれたエサだ。だが、この配合飼料には、遺伝子組《いでんしく》みかえのトウモロコシなどが入っていることがある。できるだけ自然《しぜん》に近いものを選《えら》ぶべきではないかと考え、学生たちは話しあいを重ねた。そして、米農家の北島《きたじま》さんからお米作りのときに出る、くず米《まい》（割《わ》れたり、小さかったりしたお米）をもらうことにした。北島さんのお米は無農薬《むのうやく》で作っているから安心というわけだ。

ほかに、キャベツやレタス、ジャガイモの皮や卵《たまご》のカラなどを、各自《かくじ》、家か

家《か》畜《ちく》、かわいがる?

ら持ちよることにした。配合飼料《はいごうしりょう》も一応《いちおう》用意して、鳥が何を好《この》むのか、様子をみる。どんなエサをどれだけ与《あた》えたか、おたがいにわかっておくために、学生たちは飼育日誌《しいくにっし》をつけることにした。

10月16日（金）　担当《たんとう》・髙橋《たかはし》

家から大根の葉の部分を細かくきざんで持ってきました。がっつくように食べてくれました。とてもうれしかったです。ですが、配合飼料を入れると、大根の葉を残《のこ》して配合飼料を食べはじめ、大根の葉には目もくれなくなりました。体がまた大きくなり、エサを食べる力が強くなりました。

この髙橋くんの書きこみを読んで、次の日の当番の宮崎《みやざき》さんは、こう記す。

10月17日（土）　担当・宮崎

金曜に髙橋さんが入れてくださった大根の葉っぱはきれいになくなっていました！　残念《ざんねん》ながら、（用意できる）生ゴミがなかったので、稲刈《いねか》りのときのヒエと米をエサに入れておきました。

これに次の日の担当者《たんとうしゃ》がエサの状態《じょうたい》などをまた書きこむ、という具合だ。エサに加《くわ》えて、少しずつ、鳥が成長《せいちょう》していく様子も記録《きろく》されている。飼育《しいく》から2か月がたったころには、こんな鳥の様子が書きこまれた。

11月4日（水）　担当・冨田《とみた》

サトイモ、キャベツ、ホウレンソウ、ニンジン、タマネギのきざんだのと配合飼料《はいごうしりょう》をあげました。いい食べっぷりです。鳥たちにつつかれます。おどろいたことは、声がピヨピヨだけじゃなくなっていたことです！　ニワトリらしくなってきました。

11月6日（金）　担当・髙橋《たかはし》

1匹《ぴき》が、ピヨピヨから、オッオッオッオッというような声になりましたね。

ウコッケイもホロホロ鳥《ちょう》もとても元気に育っていた。神経質《しんけいしつ》と聞いていたホロホロ鳥は、学生たちにすっかりなつき、あまえるようにつついてきたり、ひざの上に乗ってきたり、帰ろうとするとさびしそうに鳴いたりする。生き物を育てているんだという気持ちが学生たちに芽生《めば》えていく。

鳥小屋に入れたままだとかわいそうだと、ウコッケイとホロホロ鳥を小屋の外の広場に出し、散歩《さんぽ》させるようになった。通りすがりの人たちからも注目をあびて、鳥たちはすっかり大学のアイドルだ。

油絵学科3年生の清水智香子《しみずちかこ》さんは、ホロホロ鳥を肩《かた》に乗せて油絵を描《か》くという曲芸《きょくげい》のような技《わざ》まで見せ、「ホロホロ鳥使い」の異名《いみょう》を持つ。ホロホロ鳥はいろいろなものをつつく習性《しゅうせい》があるようで、清水さんのひざには、ホロホロ鳥をだっこしたときにつつかれてできた内出血のあとが無数《むすう》にできている。「くちばしが痛《いた》いんですよ。成長《せいちょう》しているってことかな」と笑《わら》って話す。時間を見つけては、鳥とすごすことが日課《にっか》となっている。

清水智香子《しみずちかこ》さん

11月の後半になり、寒さがきびしくなっていた。鳥の様子を見にきた松永《まつなが》さんが、清水《しみず》さんに寒さ対策《たいさく》をどうしようかと相談していた。ホロホロ鳥《ちょう》は寒さが苦手だからだ。清水さんは、

「今のところ何とかなっているけど、これからが心配です」と松永さんに話し、小屋に冷気《れいき》が入らないよう、全面をビニールでおおい、小屋の地面には落ち葉や綿《めん》をしきつめた。

寒さに加《くわ》え、心配なのが雨だ。雨や風が小屋にふきこむと、小屋の中に水がはいり、鳥がぬれてしまう。そうすると、鳥が弱ってしまう可能性《かのうせい》があるというのだ。

清水さんは天気予報《よほう》で雨が降《ふ》ることを確認《かくにん》すると、小屋の屋根に水が入るのを防《ふせ》ぐための厚《あつ》めのビニールシートをかけるようになった。雨がやむと、そのビニールシートを外して、干《ほ》してかわかす。そのくりかえし。もはや、鳥中心の生活だ。

寒くなると心配ごとが増《ふ》える。ある日の大学の休み時間、冨田《とみた》さんはウコッケイにキャベツを細かくちぎってあげていた。だが、ウコッケイはエサに見向きもしない。心配になった冨田さんが、日誌《にっし》をめくると、前日もほとんど食べていないことがわかる。「最近《さいきん》は食いつきがよくないんです」と心配そうだ。

休み時間が終わると、冨田さんは「授業《じゅぎょう》があるから」といって小屋を去っていったが、授業が終わるとまた小屋にもどってきて、鳥小屋をそっとのぞいている。用意したエサをちゃんと食べているかどうか、気になるのだ。

「あ、食べてる。よかった」

冨田さんは、ほっとした様子で、また授業を受けにいった。

鳥のことで学生たちは喜《よろこ》んだり、心配したり、いそがしい。これまでカレー作りのために、野菜《やさい》や米を育ててきたけれど、鳥に対する学生たちののめりこみ方は特別《とくべつ》に見える。命をあずかっているという思いからだろうか。ダチョウの死も影響《えいきょう》しているのだろうか。

ある日、冨田《とみた》さんは鳥を散歩《さんぽ》させているときに、地面に落ちているドングリを見つけ、エサになるのではないかと思い、食べやすいようにつぶしてあげていた。そして、そのつぶしたドングリを、ぽいっと自分の口に入れた。

鳥に食べさせるものは、自分でも食べてみようと思ったのだろうか。はじめて食べる生のドングリは予想を超《こ》える味だったようで、「おえー！　まずい。えぐみがすごい」としぶい顔。

一方の鳥は、そんな冨田さんの親心はおかまいなしといった感じで、喜《よろこ》んでドングリを食べていた。

鳥をだきかかえ、「温かい」「心臓《しんぞう》がびくびくいってる」と命が育っていることを確認《かくにん》する。だが、鳥の成長《せいちょう》とともに、別《わか》れの日も少しずつ近づいていく。

「ホロホロ鳥《ちょう》使い」の清水《しみず》さんは、12月に入ると、エサを朝晩《あさばん》2回あげるようになった。その理由をたずねると、

「もうすぐお別れなので、もっと大きくなってほしいんです」と、さびしそう

にいった。

ホロホロ鳥《ちょう》はおとなになると、50センチくらいの体長になるそうだ。今は、まだ20センチくらい。死んでしまう前に、できるだけ大きくなった姿《すがた》が見たい、そう思ってエサの量《りょう》を増《ふ》やしているという。

飼育《しいく》を始めて3か月。あと1か月もすれば、カレーの材料《ざいりょう》として殺《ころ》して食べる日がやってくる。世話をしてきた鳥をいずれ殺すことについてたずねると、清水《しみず》さんは「悲しいです」といって苦にがしく笑《わら》った。何かいやなことがあっても、小屋に来ると鳥がなついてきて気持ちがいやされるのだという。今日はどんなエサをあげようか、おいしく食べてくれるだろうか。鳥に会いたくて、休日でも大学に来るようになった。

もうひとり、清水さんと同じように時間を見つけては鳥小屋に来て、世話をしている学生がいる。日本画学科1年生の宮本苑佳《みやもとそのか》さんだ。宮本さんがお世話をすると、ホロホロ鳥は、バサバサと羽をばたつかせ、飛《と》ぶしぐさをする。そもそも飛《と》べない鳥なのだが、高さ1・5メートルほどもある鳥小屋の上に飛びのったり、一番すごいときは、高さ5メートルくらいの木の枝《えだ》にまで飛びあがっていったこともあった。でも、飛べない鳥の宿命で、飛びあがった場所から降《お》りることができない。そのたびに、宮本《みやもと》さんは「しかたないな」という感じで、無事《ぶじ》に降りられるように、手助けをする。落ちつきのない鳥の様子を楽しんで感じているようだ。

　とてもかわいがっているけれど、この鳥たちは、いずれ殺《ころ》して食べることになる。そのことをどんなふうに思っているのか気になり、宮本さんに、鳥を殺すことに抵抗《ていこう》はないですか？　と聞いてみた。すると、宮本さんは今の気持ちをこう話してくれた。

「そのときになってみないとわからないけど、今はまだ、そんなに抵抗はないです」そういったあと、宮本さんは「ただ……」といって、こうつけくわえた。

「飼《か》いはじめたころは、自分の手でも首をしめられると思っていたけど、こん

宮本苑佳《みやもとそのか》さん

なになついてしまって……。できることなら、もうペットにしてしまいたい。そんなふうに思ってしまいます」

ある日、清水《しみず》さんがいつものようにホロホロ鳥《ちょう》を肩《かた》に乗せ、歌を口ずさんでいた。社会人の松永《まつなが》さんといっしょに鳥を小屋から出し、世話をしていたのだ。

そこに、関野《せきの》さんがやってきた。様子を見にきたのだという。関野さんは、鳥を肩に乗せる清水さんを見て、こういった。

「だんだん食べられなくなるよ」

かわいがりすぎると食べることに抵抗《ていこう》が出てくる。そのことを心配しているのだ。清水さんは「そうなんですよ……」といって苦笑《にがわら》い。そして、関野さんにこうたずねた。

「家畜《かちく》は、殺《ころ》される前に悲しくて涙《なみだ》を流すんですよね？」

それを聞いた松永さんは、「そうかもしれない」といってこんな話をした。

「昔、ぼくはこんな風景《ふうけい》を見たことがあります。肉にするためにトラックに積《つ》まれて屠場《とじょう》に連《つ》れていかれた牛や豚《ぶた》が、悲しそうに鳴いていました」

それに対し、関野《せきの》さんはこう答えた。

「悲しいから鳴いているのかどうか、本当のところはわからないよ。トラックにおしこめられてきついから鳴いているのかもしれない」

私《わたし》たちは、動物の感情《かんじょう》を人間と同じように考えてしまいがちだけれど、関野さんによると、大きくちがう点があるという。そのひとつに、私たち人間は、「死ぬ」ということを理解《りかい》しているが、動物は、そうではない。

人間には、死を悲しむという気持ちもあるし、「死にたくない」という死への恐怖心《きょうふしん》を持っている。でも、動物たちは、「死」への心配や不安《ふあん》といった、未来《みらい》に起こることへの感情を持っていないという。つまり、彼《かれ》らは「今を生きている」のだ。

たとえば、エサがあるかないか。エサにありつき、眠《ねむ》たくなれば眠るといったように、彼らにとって大切なのは「今」のことだけなのだ。「死ぬ」とか

「肉として殺《ころ》されるかもしれない」という未来《みらい》への心配をしない動物が、「肉として殺されるかもしれない」と思って、悲しくて鳴くことはないと関野《せきの》さんはいう。

その話を聞いて、清水《しみず》さんも松永《まつなが》さんも、「本当に？」とおどろいた顔をした。でも、もしも、家畜《かちく》の動物がみんな「死ぬ」ことを悲しんでいるとしたら、私《わたし》たちがふだんあたりまえに食べている肉の背景《はいけい》には、数えきれない悲しみがひそんでいるということになる。

言葉を持たない動物の本当の心の内はだれにもわからないけれど、関野さんが問題だと思っているのは、「動物は殺されるのを悲しんでいる」と考えるのは、殺して肉にすることを「残《ざん》こくだ」ととらえることにつながるのではないかという点だ。

「殺す」という言葉はショッキングに聞こえるが、関野さんによると、「自然《しぜん》に死んだ動物の死がいを食べる民族《みんぞく》は、世界中どこにもいない」そうだ。

自然に死んだ動物は、どんな病気で死んだかわからない。そんな肉を食べてしまうと、体に異変《いへん》が起こってしまうかもしれない、医師《いし》でもある関野《せきの》さんはそう話す。「生きた動物を殺《ころ》す」という行為《こうい》があるからこそ、私《わたし》たちは肉を食べているのだ。

家畜《かちく》を殺して肉にする「屠場《とじょう》」と呼《よ》ばれる職場《しょくば》がある。そこで働《はたら》く職人《しょくにん》たちのおかげで、私たちは、お肉を食べられるのだけれど、それと同時に、動物を殺すことを残《ざん》こくだ、かわいそうだという目が職人たちに向けられてきた。昔の身分制度《みぶんせいど》によって、差別《さべつ》された人たちが肉をあつかう仕事をやってきたという過去《かこ》もある。

私たちが食べている肉は、どうやってスーパーに並《なら》び、食卓《しょくたく》に運ばれてくるのか。そのことをきちんと理解《りかい》することが大切だと関野さんは考えている。東《とう》京《きょう》の品川《しながわ》にある芝浦屠場《しばうらとじょう》で働く職人たちを大学にまねき、特別講義《とくべつこうぎ》をしてもらうことになった。

肉はどこからやってくるのか

12月のある日の放課後《ほうかご》、芝浦屠場《しばうらとじょう》の職人《しょくにん》たちの話を聞こうと、100名近くの学生たちが講義室《こうぎしつ》に集まった。

芝浦屠場について少し説明《せつめい》をすると、東京《とうきょう》には、東京都中央卸売《おろしうり》市場という組織《そしき》があり、野菜《やさい》、魚、果物《くだもの》、花などの生鮮品《せいせんひん》が運びこまれ、売り買いされて、デパートやお店、スーパーなどに届《とど》けられている。

都内にある11の市場のうち、肉をあつかっているのが、東京の品川《しながわ》にある食肉市場だ。その食肉市場で取引される牛と豚《ぶた》を肉にするための食肉加工場《かこうじょう》が芝浦屠場で、魚などと大きくちがうのは、生き物が〝生きたまま〟の状態《じょうたい》で持ちこまれることだ。その生きた状態を「生体《せいたい》」といい、生体を肉にするために殺《ころ》す「屠畜《とちく》」によって、枝肉《えだにく》（肉の部分）、内臓《ないぞう》（胃《い》や腸《ちょう》など）、原皮《げんぴ》（皮は加工《かこう》して革《かわ》にな

る）にわけられ、売られていく。

今回、関野《せきの》さんが特別講師《とくべつこうし》として大学にまねいたのは、芝浦屠場《しばうらとじょう》の3人の職人《しょくにん》たちだ。朝7時からの仕事を終えて、わざわざ大学まで来てくれた。職人たちのボスのような風格《ふうかく》の栃木裕《とちぎゆたか》さんは、もう30年以上《いじょう》、芝浦屠場で働《はたら》いているベテランで、始めに屠畜《とちく》の仕事の流れを学生たちにこう説明《せつめい》した。

まず、生きた動物を気絶《きぜつ》させる。そして、首のけい動脈《どうみゃく》を切り、体内の血液《けつえき》を出す。これを「放血《ほうけつ》」といって、心臓《しんぞう》のポンプの力を使って体内のほとんどの血液を外に出していく。

そのあと、頭、肉の部分、内臓《ないぞう》、皮などに切りわけていくのだが、この放血作業がうまくいかないと、血液が体内に残《のこ》って、肉に臭《くさ》みが出てしまい、おいしい肉にはならない。栃木さんはこう話す。

「放血作業はとても緊張《きんちょう》する仕事です。なぜかというと、もし失敗《しっぱい》をして肉質《にくしつ》が落ちてしまうと、長い時間をかけて家畜《かちく》を育ててきた農家の人たちに申しわ

栃木裕《とちぎゆたか》さん

けが立たないからです。少しでもいい肉にするという責任《せきにん》がぼくたちにはあるのです」

実際《じっさい》に、作業のミスで肉質《にくしつ》が落ち、値段《ねだん》が何十万円も下がってしまうことがあるそうだ。

技術《ぎじゅつ》の習得《しゅうとく》には何年も時間がかかり、先輩《せんぱい》の職人《しょくにん》たちに怒《おこ》られながら、みんな必死《ひっし》で覚《おぼ》えていくという。たとえば牛の場合、作業の工程《こうてい》は50以上《いじょう》もある。ひとつの工程にかけられる時間は、わずか70秒ほどだ。ナイフを持ち、数ミリのズレもゆるされない中、1日に何百頭も肉にしていく。むずかしい作業ができるようになると、うれしいし、やりがいもひとしおだという。

この日、栃木《とちぎ》さんといっしょに話をしにきてくれた高田《たかだ》さんは、牛の放血《ほうけつ》を担当《たんとう》していて、仕事についてこう話した。

「集中力が欠《か》けると、この仕事はできません。少しでもまよったり、ぼーっとしたりすると手もとがずれて事故《じこ》が起こってしまいます」

そういいながら高田《たかだ》さんは、包帯《ほうたい》を巻《ま》かれた左手をはずかしそうにみんなに見せた。栃木《とちぎ》さんはその手を指さし、「こういうふうになります」と冗談《じょうだん》まじりにいった。

じつはこの日、高田さんは、作業中に手を切ってしまって、病院で治療《ちりょう》してきたそうだ。一人前の職人《しょくにん》でも、ちょっと油断《ゆだん》をすればすぐに事故《じこ》につながる。高田さんの包帯を巻いた手が、仕事場のきびしさを生なましく物語っていた。

栃木さんは、自分たちの仕事をみんなに知ってもらいたい、そう思う理由について話しはじめた。

「ぼくらの仕事は、動物を殺《ころ》しているということで、残《ざん》こくな人だと思われたり、特別《とくべつ》な、差別的《さべつてき》な目で見られたりすることが多いのです」

職人たちの人格《じんかく》を否定《ひてい》する、脅迫文《きょうはくぶん》のような手紙が職場《しょくば》に届《とど》いたこともあるという。その手紙に書かれていたのは、「動物がかわいそう」という気持ちから生まれた差別の感情《かんじょう》だ。そういう差別に対して、栃木さんたちは、とても残《ざん》

念《ねん》に思っているという。

「肉を食べているのに、肉を作る職人《しょくにん》たちに対して差別的《さべつてき》な目を向けるのは、自分勝手な考え方ではないでしょうか？　『かわいそうだ』というなら、牛や豚《ぶた》を育てている畜産《ちくさん》農家のことも、『残《ざん》こくだ』と思うのでしょうか？」

同じ生き物をあつかっていても、漁師《りょうし》を「残こくだ」という人はいないのに、いつも肉だけが特別《とくべつ》な見方をされることに違和感《いわかん》があると栃木《とちぎ》さんは話した。

2時間にわたる講義《こうぎ》が終わると、学生たちから質問《しつもん》が出た。畑のリーダーの萩原《はぎわら》くんが手をあげて、「動物によって大きさに差《さ》はあるのですか？」とたずねると、

「個体《こたい》差はとてもあります。頭が大きいのや小さいの、すぐに気絶《きぜつ》しないのもいます」と高田《たかだ》さんが答え、栃木さんがさらにつけくわえた。

「牛の個体差はとてもはげしいです。豚はほとんどが110キロのサイズで、種豚《たねぶた》（父親だった豚）や、子を産《う》む豚は、200キロから350キロくらいの大き

さのものが出荷《しゅっか》されてくる。

　でも、牛は乳牛《にゅうぎゅう》と和牛でも体の大きさが全然《ぜんぜん》ちがう。オスとメスによってもちがいがあって、メスは平均《へいきん》で600キロ、オスは700キロぐらい。もっと大きな牛もいます。だから、1頭1頭の個体差《こたいさ》に合わせて屠畜《とちく》をするのです」

　続《つづ》いて、社会人の松永《まつなが》さんが、育てている鳥への思いから、こんな質問《しつもん》を投げかけた。

「私《わたし》たちは今、カレーライスを作るために、ウコッケイとホロホロ鳥《ちょう》を育てています。もうすぐ殺《ころ》して食べる予定なのですが、殺す瞬間《しゅんかん》のことを想像《そうぞう》すると、自分にできるのだろうかと、とても不安《ふあん》です。みなさんは、動物を殺すときに罪悪感《ざいあくかん》やストレスのようなものはないですか？」

　これに対し、高田《たかだ》さんはきっぱりとこう答えた。

「ストレスのようなものは一切《いっさい》ないです。ぼくは、牛を気絶《きぜつ》させる仕事もやっていますが、ちゃんと気絶させないと、牛を暴《あば》れさせてしまい、次に放血《ほうけつ》作業

学生たちは特別授業に聞きいる

をする人がケガをしてしまいます。だから、ちゃんとやらないと、という気持ちでやっています」

高田《たかだ》さんの話に続《つづ》いて、豚《ぶた》の放血《ほうけつ》を担当《たんとう》しているという、もうひとりの職人《しょくにん》も、松永《まつなが》さんの質問《しつもん》に答えた。

「生きている豚が流れてくるのを見ていると、あー、かわいいなって思います。豚ってかわいいんですよね。そう思いながら、バーンとやる。かわいいのと、殺《ころ》すのは別《べつ》です。何のためらいもないですね」

そして、こうつけくわえた。

「ただ、ひとついえるのは、食べるための豚だからできるというのはあります。もしも、ペットとして飼《か》っている豚を殺してくれと頼《たの》まれたら、ぼくは絶対《ぜったい》にできないと思います。いつも豚を殺しているんだからやれるだろうといわれても無理《むり》です。それは用途《ようと》がちがうからです。最初《さいしょ》から食べ物として育てられているものについては、ぼくは何とも思わないです」

職人《しょくにん》たちの話を聞いていた栃木《とちぎ》さんもこういった。

「ペットのことは家族のように見ていて、動物として見てはいないからね」

そして、栃木さんは、松永《まつなが》さんの質問《しつもん》に対し、あらためてこう話した。

「ぼくたちの仕事は畜産農家《ちくさんのうか》のためにあるんです。畜産農家が経営《けいえい》をしていくために育てた大切な動物をあずかっている立場なのです。その責任《せきにん》があるから、ミスはゆるされない」

続《つづ》いて、職人の高田《たかだ》さんも、きっぱりとこういった。

「ぼくらは、いい肉質《にくしつ》にするためにやっています。ちょっとでも迷《まよ》ったりしているといいものにはならない。だから、迷いながらやっている人はいないし、そういう人は、この仕事を辞《や》めたほうがいいと思っています」

高田さんのその言葉には、職人としてのほこりがこめられていた。

最後《さいご》に、べつの学生からこんな質問が出た。

「いつか、屠畜《とちく》の仕事に対する差別《さべつ》がなくなる日が来ると思いますか？」

この質問《しつもん》に高田《たかだ》さんは少し考えるようにだまり、そして、こんな話をした。

「ぼくには小学校1年と5歳《さい》の子どもがいます。子どもたちには自分がどんな仕事をしているか、まだ話していません。なぜかというと、それが原因《げんいん》で、子どもが学校でいじめの対象《たいしょう》になってしまったら、と心配になるからです。

でも、動物を解体《かいたい》する仕事があるんだよ、ということは子どもたちにきちんと伝《つた》えています。牛や豚《ぶた》が殺《ころ》されなければお肉は食べられないし、いつも使っているランドセルだって動物の革《かわ》でできているんだよって話しています。すると、子どもは、『そっか、大事な仕事だね』とすぐに理解《りかい》します。

でも、社会を見わたせば、きちんと理解をしていない人たちが多いのが現実《げんじつ》です。こういう仕事をしているというだけで、ひどいやつだと見られてしまう可能性《かのうせい》がある。ぼくは……ぼくがめざしているのは、自分の子どもがおとなになったときに、この仕事がふつうのこととして理解される社会になっていることです」

続《つづ》いて、栃木《とちぎ》さんも力強くこういった。

「ぼくは差別《さべつ》がなくなることを確信《かくしん》しています。そうでなければ、仕事のあとにわざわざやってきて、こんなふうに人前で話をしたりなんてしませんよ」

そういって、少し照《て》れくさそうに笑《わら》った。

鳥カレー、やめる!?

芝浦屠場《しばうらとじょう》の職人《しょくにん》たちの話を聞いて、学生たちは育てている鳥が家畜《かちく》なのか、ペットなのか、その間でゆれているようだった。手をかけて育てるほど、愛情《あいじょう》も増《ま》していく。その成長《せいちょう》を毎日見守っているからこそ、簡単《かんたん》にわりきることができない。社会人の松永《まつなが》さんは、鳥を殺《ころ》すことを人一倍なやみはじめていた。
いつものように鳥を散歩《さんぽ》させていたある日のこと。松永さんはいっしょに世

話をしていた宮本《みやもと》さんに、こんな話を持ちかけた。

「鳥たちを殺《ころ》さなくてもいいんじゃないかな？」

松永《まつなが》さんの考えはこうだ。鳥たちはまだ生後数か月の子どもの時期で、これからおとなになって、卵《たまご》を産《う》んだりしていくだろう。だからせめて、卵を産むまでは育ててあげたい。できることなら、成長《せいちょう》した姿《すがた》を見とどけたいし、鳥たちが生きるであろう人生（鳥生《とりせい》？）をまっとうさせてあげたい。食べるのはそれからでもいいのではないか？　そんな鳥への思いを語ったうえで、松永さんはこう提案《ていあん》をした。

「カレーは……。ぼくたちのカレーは、野菜《やさい》カレーにしてはどうかな？」

松永さんのこの話を静《しず》かに聞いていた宮本さんは、こう返した。

「私《わたし》は、実感がないだけかもしれないですけど、この子たちを殺すことに対してためらう気持ちはないです」

これを聞いた松永さんは少し残念《ざんねん》そうな顔をした。そんな松永さんを気づかってか、宮本《みやもと》さんは、こうつけくわえた。

「でも、こうやって毎日お世話をしていると、いつかいなくなってしまうのはさびしいですよね」

するとと松永《まつなが》さんは、ぱっと明るい表情《ひょうじょう》になり、こういった。

「そうでしょ？　本当に殺《ころ》すべきかどうか、ぼくはみんなに相談してみたいと思っているんだ」

この宮本さんとのやりとりのあと、松永さんは、殺すべきか、生かすべきかを学生たちに問いかけはじめた。そして、こう投げかけた。

「みんなで一度、話しあってみませんか？」

そんな人間たちの思いをよそに、鳥小屋では、ウコッケイが小さな卵《たまご》を産《う》みはじめた。カレーを食べる日まで、残《のこ》り1か月をきっていた。

1《いち》から作《つく》る
6
なんでも

土から生まれる器《うつわ》

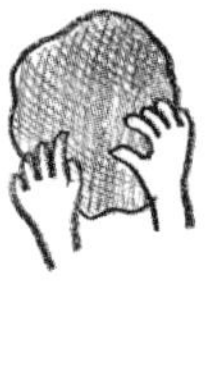

カレーライスの材料《ざいりょう》づくりも終盤《しゅうばん》にさしかかり、器《うつわ》を作る日がやってきた。野菜《やさい》や米などの食材《しょくざい》だけでなく、カレーを食べるための皿やスプーンも作ろうというのが関野《せきの》さんの計画だ。挑戦《ちょうせん》するのは、土をこねて焼《や》き、土器《どき》を作るという、もっとも原始的《げんしてき》な器作りの方法《ほうほう》だ。

ふだんから土を採集《さいしゅう》して器作りをやっている、土器作りのアーティスト、熊《くま》谷《がい》幸治《ゆきはる》先生が学生たちを指導《しどう》してくれることになった。熊谷先生は、武蔵野《むさしの》美《び》術《じゅつ》大学《だいがく》の先生でもある。

熊谷先生によると、「土はさわって丸められたら器になる」のだそうだ。そのへんの土でも器の材料になると聞くと、とても身近なものに思えてくる。

放課後《ほうかご》、学生たちは熊谷先生のいる研究棟《けんきゅうとう》に集まった。

熊谷《くまがい》先生が用意してくれたのは、袋《ふくろ》に入った土や砂《すな》。さわってみると、ごくふつうの土、という感触《かんしょく》だ。これをこねて形を作り、焼《や》けば器《うつわ》になる。とても簡単《かんたん》にできあがるように思えるが、割《わ》れてしまうことも多く、じょうずに作るためにはコツがいるようだ。

「大事なのは、土をどうブレンドしていくか、そして水加減《みずかげん》です」

熊谷先生はみんなにそう話しながら、料理《りょうり》用の大きめのボールに土と砂を入れて混《ま》ぜあわせていく。ポイントは、ねばりの強い土をほどよくブレンドしていくことだという。

ねばりの強い土とは、「ねんど」のこと。ねんどを焼くと、熱《ねつ》で土の粒《つぶ》の表面がとけて、となりの粒とくっついてかたまる。そうやって器になるという。

熊谷先生は、ねんどと砂をブレンドしたものに、水をちょろちょろと加《くわ》え、いきおいよくこねはじめた。

「これね、料理の感覚《かんかく》に近いです。パンをこねているような感じです」

熊谷先生はそういって、バシッ、バシッと音を立て、こねつづけた。たしかに、こねているのが土だといわれなければ、なんとなく料理《りょうり》をしているように見えてくる。

そもそも土器《どき》作りは料理の延長《えんちょう》のようなもので、縄文《じょうもん》時代はおもに女性《じょせい》の仕事だったという。今でもアジアには、女性たちが土器作りを続《つづ》けている地域《ちいき》が残《のこ》っているそうだ。1万年以上《いじょう》前に、この土器作りを始めた人類《じんるい》は、土器によって調理をすることを覚《おぼ》えた。火を使って、食べ物を殺菌《さっきん》することもでき、人間の寿命《じゅみょう》がのびる理由のひとつにもなった。

泥土《でいど》を10分ほどこねると、ねばりが出てかたくなる。熊谷先生は、その土を棒状《ぼうじょう》にのばして先っぽを持ち、ブラブラとゆらし、「この状態《じょうたい》になれば土は完成《かんせい》です」といった。それを見ていた関野《せきの》さんは、

「なんか、うんこみたいだな」といい、みんな笑《わら》った。

こうして、器《うつわ》のもととなる土ができあがり、にぎりこぶしくらいの土のかた

まりが学生ひとりひとりに配られた。この土のかたまりで自分オリジナルのお皿を作る。熊谷《くまがい》先生は、みんなにこう声をかけた。

「作りたい器《うつわ》をイメージして、土に形を落としこんでください」

丸い皿にするか、だ円にするか、たくさん食べたい人は大きめにするかなど、カレーを食べるときのことを思いうかべながら、板の上で土をピザ生地のようにコネコネとのばしていく。使うのは手だけで、ほかに必要《ひつよう》な道具はない。畑のリーダーの萩原《はぎわら》くんが、関野《せきの》さんにこうたずねた。

「作るカレーは、水っぽいですよね？　平たい皿だと、こぼれでちゃいますよね？」

すると、関野さんはこう答えた。

「水っぽくないよ。水っぽくないのを作ればいいんだよ」

それでも萩原くんは、カレーがこぼれることのないように、皿のまわりをがんじょうな土手で囲《かこ》っていった。

土を手でこねていく

「なんか、ドッグフード入れるやつみたいになっちゃった」

そういう萩原《はぎわら》くんの器《うつわ》を見て、関野《せきの》さんは、「なんか、灰皿《はいざら》みたいだな」といって笑《わら》った。たしかに、特大《とくだい》の灰皿みたいになっている。

一方の関野さんも、学生たちから「すき間ができてますよ」とか、「デコボコしてて、食べ物がつまりそうですよ」などと、指摘《してき》をされまくっている。関野さん、じつは手先があまり器用《きよう》ではないようだ。「絶対《ぜったい》に不器用《ぶきよう》だなんていわせないぞ」といいながら、学生たちといっしょになって一生懸命《いっしょうけんめい》、皿作りにとりくんでいる。作業をしていた学生のひとり、橋本《はしもと》さんはしみじみと、「土をさわるなんて、小学校のとき以来《いらい》かもしれません」とつぶやいた。

関野さんのほかにも苦戦《くせん》している学生がいた。ウコッケイの飼育担当《しいくたんとう》の冨田《とみた》さんだ。「ねんど、苦手なんです」といいながら、なんとか皿の形が完成《かんせい》した。最後《さいご》に糸を使って、土台の板から土器《どき》をはがしたら完成なのだが、冨田さんの皿はうすすぎたのか、まん中の部分が破《やぶ》れてしまった。ぽっかりと穴《あな》のあいた冨田《とみた》さんの皿を見て、関野《せきの》さんは「個性的《こせいてき》だね」といって笑《わら》った。「これだともれます……」と冨田さんはいって、穴《あな》のあいた皿を丸めてこねなおす。もう一度、最初《さいしょ》からやり直しだ。

2度目は少しなれた様子で、冨田さんは「ちょっと特徴《とくちょう》をつけてみよう」といって、皿の両サイドに耳たぶのような土をくっつけて、取っ手を作った。今度は、無事《ぶじ》に板からはがすこともでき、「完成《かんせい》です」とほこらしげだ。取っ手のついたかわいらしいお皿ができあがった。

形ができると、屋根のある屋外でかわかす。日光の下にじかに置《お》くと、ひびが入ったり、割《わ》れたりしてしまうそうで、日かげで時間をかけてかわかしていく。どれくらいかわかすかは季節《きせつ》や天候《てんこう》によってちがうけれど、冬のこの時期は、だいたい10日間くらいかわかせば、焼《や》いてもいい状態《じょうたい》になるという。

土の皿をかわかしていく

器《うつわ》を焼《や》く

12月に入り、土で作った皿はカチンコチンにかわいた。見たところ、この段《だん》階《かい》で割《わ》れてしまっていたり、ひびが入ったりしている皿はなく、順調《じゅんちょう》なようだ。最後《さいご》のしあげは「野《の》焼《や》き」だ。野原などで器《うつわ》を焼く野焼きは、もっとも原始《げんし》的《てき》な焼き方だ。今回は、大学の構内《こうない》のどまん中でやることになった。

まず、地面に器を焼くための窯《かま》を作る。レンガをしき、その上に束《たば》になったワラを組みあげていく。このワラは、米農家の北島《きたじま》さんのところでお米を作ったときに出た稲《いな》ワラだ。器作りのために少しだけわけてもらったのだ。組んだワラの間に土器《どき》をさしこんでいき、最後に全体をワラでおおうと、野焼きの窯の完成《かんせい》だ。

関野《せきの》さんがみんなを代表して火をつけた。すると、ワラはすぐにバチバチと音を立てて燃《も》えはじめた。熊谷《くまがい》先生によると、「土器《どき》は焼《や》いてなんぼ。焼きすぎても何の問題もない」のだそうだ。火をつけたあとは、燃えおわるまで待つのみ。学生たちが火を囲《かこ》んで、「キャンプファイアーみたいだね」とか、「火がきれいだね」などと話していると、「何を燃やしているんですか？」とほかの学生たちも集まってきた。関野《せきの》さんは、学生にこう返した。

「燃やしているんじゃないよ、土器を焼いているんだよ」

すると、その学生は「へー！」とびっくりして、いっしょになって火をながめる。こうして人が集まり、火のいきおいも増《ま》していくと、大学に勤《つと》めている警備員《けいびいん》さんが心配して飛《と》んできた。学生たちから説明《せつめい》を聞き、納得《なっとく》をして去っていったが、その間にも、火はどんどん大きくなり、火柱が高く上がる。熊谷先生によると、火の表面は700度くらいの温度で、器《うつわ》が焼かれている火の中は、900度くらいになっているそうだ。

赤とオレンジ色を足したようなきれいな炎《ほのお》の奥《おく》では、ねんどがとかされ、た

大学の中で野焼《のや》きをする

がいにくっつき、器《うつわ》へと変化《へんか》しているはずだ。どんな器になるのか、期待に胸《むね》がおどる。だが、この「野焼《のや》き」、少しはなれた場所から見れば、火事が発生しているように見える異様《いよう》な光景《こうけい》だ。

今度は大学の職員《しょくいん》が消火器《しょうかき》をたくさん持ってやってきて、

「関野《せきの》先生、火の始末《しまつ》はよろしくお願《ねが》いしますね」と念《ねん》をおす。関野さんは、

「ハイッ!」とまるで学生のようにハキハキと大きな声で返事をした。そして、職員が去ったあとに、みんなに小声でこういった。

「火事ってこわいんだよね。ちょっとした火でも油断《ゆだん》していると、ばーって燃《も》えていくから。大学が用心する気持ちもわかるよね」

大学構内《こうない》で火を使う場合は、大学に許可《きょか》をもらわなければならない。でも、「野焼きをする」などといったら大学に反対されるにちがいない、そう考えた関野さんは大学に「たき火をする」と申請《しんせい》したらしい。「たき火をして、お皿を焼《や》きます」といって、大学から許可をもらっていたのだ。

「それにしても、こんなに火が大きくなるとは思ってなかったな」と、関野《せきの》さんはいたずらっぽく笑《わら》った。

そのとき、火の中から突然《とつぜん》、「バキッ」というみょうな音がした。「あ、割《わ》れたな」と熊谷《くまがい》先生がつぶやく。だれかの皿が割れてしまったらしい。すぐに、また、今度は「バキン」というにぶい音がした。熊谷先生はみんなにこう話した。「土の調合がうまくいっていないと割れてしまうのです。あとは皿をぶ厚《あつ》く作りすぎると割れやすいですね」

土のブレンドは、熊谷先生のやり方を見よう見まねで学生たちもやっていた。その土で作ったものが割れてしまったのかもしれない。自分の皿が割れたのではないか、とだれよりも心配していたのは、冨田《とみた》さんだった。

焼《や》きはじめてから1時間以上《いじょう》がたつと、火はしずまりはじめ、やがて消えていった。熊谷先生はトングを使って、焼けあとから土器《どき》を一枚《まい》一枚とりだしていく。器《うつわ》自体はまだ燃《も》えていて、まっ赤《か》な状態《じょうたい》だ。それをとっておいた稲《いな》ワラ

皿を火の中からとりだす

の束《たば》におさえつけ、いぶすと、器《うつわ》が黒くなる。こうすると、炭が器に焼《や》きついて、水もれの防止《ぼうし》になるそうだ。そのあと、バケツに張《は》った水の中に器を入れる。ジュウッと音を上げ、燃《も》えていた器は冷《さ》めていく。

まだ熱《ねつ》があるうちに器に油をかけ、布《ぬの》でふき、表面をコーティングすれば、できあがりだ。この油は、食べ物の水分がしみこむのを防《ふせ》いでくれるという。

「これをやらないと、カレーがこびりつきます」と熊谷《くまがい》先生にいわれ、みんな、せっせと器の表面に油を流しこむ。焼きかげんによって模様《もよう》がついて、一枚《まい》一枚個性的《こせいてき》なカレー皿にしあがっていた。

ところで、火の中でバキッと音がした器は、やはり冨田《とみた》さんのものだった。作りなおしを重ねた器は、むざんにも割《わ》れてしまっていた。それでも破《は》へんをすべて見つけることができれば、直す方法《ほうほう》はあると聞いて、探《さが》してはみたものの、焼けあとからすべてを見つけだすことはできなかった。

冨田さんは、原形の半分以下《いか》になってしまった土器《どき》の破へんを油でみがき、

完成したお皿

「これでカレーを食べます」と、少しさびしそうにつぶやいた。

竹から生まれるスプーン

カレーライスを食べるためのスプーン。どうやってスプーンを作るか、いろいろと案《あん》が出たが、竹を使って作ることになった。大学の構内《こうない》には、美術《びじゅつ》作品の制作《せいさく》であまった竹がたくさん置《お》いてあって、それを使うことにした。

スプーン作りを指導《しどう》してくれるのは、関野《せきの》ゼミの卒業生《そつぎょうせい》の齊藤朋久《さいとうともひさ》さん。竹を使った作品を多く発表している先輩《せんぱい》だ。齊藤さんによると、竹は何でも作れる万能《ばんのう》な材料《ざいりょう》なのだそうだ。竹をスプーンサイズにカットして、ナイフで細かくけずっていく。簡単《かんたん》な作業のようだが、実際《じっさい》にやってみると、竹のせん維《い》はあらく、思いどおりの形を作ることはむずかしい。

とくに大変《たいへん》なのが、スプーンのあのくぼみ部分だ。液体《えきたい》のように、サラサラしたものをすくえるように作るのはとてもむずかしい。ナイフをかた手にもくもくと格闘《かくとう》が続《つづ》く。関野《せきの》さんのスプーンは、くぼみがなく、ヘラのようだ。ある程度《ていど》けずったら、やすりでみがいていく。そうするとよりなめらかな形にしあがる。

土器《どき》作りがうまくいかなかったメンバーたちは、竹を使って、カレー皿も作ることにした。こちらの作り方はいたってシンプル。竹の節《ふし》を両はしに残《のこ》し、ふたつに割《わ》るだけ。竹は中が空洞《くうどう》なので、底《そこ》が半月状《はんげつじょう》になったお皿が簡単《かんたん》にできあがった。スプーンのほうは時間がかかり、日が暮《く》れてもなかなか完成《かんせい》しないので、各自《かくじ》、家に持って帰ってしあげておこうということになった。

切った竹を、スプーンの
形にけずる

塩《しお》を作りに、海へ

12月22日。関野《せきの》さんと学生たちは朝9時に集合して、車で海へ向かった。大学が冬休みにはいったこともあり、この日は十数名の学生が参加《さんか》した。到着《とうちゃく》したのは、神奈川県《かながわけん》の三浦海岸《みうらかいがん》。ここは、関野さんが探検《たんけん》のためのトレーニングを積《つ》んでいた海だ。

以前《いぜん》、エンジンのついていない舟《ふね》に乗って、インドネシアから日本までわたろうと考えた関野さんは、帆《ほ》を張《は》って風の力で舟を操作《そうさ》する技術《ぎじゅつ》をマスターするために、この海で練習を続《つづ》けたそうだ。

冬の海は、波がおだやかで、ひとけもなく、とても静《しず》かだ。さっそく、薪《まき》や網《あみ》、バーベキューセットのような道具と鍋《なべ》を車から下ろし、荷物を持って海岸ぞいを歩きながら、塩作りのための場所を探《さが》した。

岩がけずられたような小さな入江《いりえ》を見つけ、ここなら風もふきこまないし塩《しお》を作るには最適《さいてき》だといって、荷物を下ろし、準備《じゅんび》を始めた。その矢先、知らないおじさんから声をかけられた。

「すみませんが、今、向こうでドラマの撮影《さつえい》をしていまして、ここにいると背《はい》景《けい》に映《うつ》りこんでしまう可能性《かのうせい》があるのでこまります」

おじさんは、連続《れんぞく》ドラマの制作《せいさく》スタッフで、突然現《とつぜんあらわ》れた謎《なぞ》の集団《しゅうだん》にこまった様子だった。でも、そういわれても、せっかく見つけた絶好《ぜっこう》の場所をやすやすとあきらめるわけにはいかない。関野《せきの》さんは、そのおじさんにこういった。

「ぼくたちは、おとなしくしていますから大丈夫《だいじょうぶ》です」

それでも、私《わたし》たちが火を起こそうとしている姿《すがた》は、異様《いよう》な光景《こうけい》に映ったにちがいない。おじさんは不審《ふしん》そうにこうたずねた。

「いったい、ここで何をするのですか?」

すると、関野さんはあたりまえのことのように、こう答えた。

「塩《しお》を作るんです」

おじさんは、この人は何をいっているのだろう？ という表情《ひょうじょう》で、口をぽっかりと開けていた。そして、持っていたトランシーバーで、撮影《さつえい》チームに説明《せつめい》をしはじめた。

われわれのことがいったい、どんなふうに伝《つた》わっているか不安《ふあん》だったが、絶《ぜっ》好《こう》の場所をあきらめるわけにはいかない。学生たちは、

「私《わたし》たちはしゃがんでいるだけですから」といって、岩かげにかくれて塩を作るポーズをしてみせ、撮影のジャマはしないことをアピールした。すると、おじさんはトランシーバーで、

「しゃがんでいるといっています」とそのまま伝え、「ええ、ええ」と何やら撮影チームとやりとりをしたのち、問題なさそうだと判断《はんだん》されたようで、おじさんは去っていった。

さあ、塩を作ろう、と学生たちは火を起こし、炭を燃《も》やしはじめた。塩作り

にも先生がいる。またもや関野《せきの》ゼミの卒業生《そつぎょうせい》の出番である。学生時代に「東京《とうきょう》湾《わん》の複数《ふくすう》の場所の海水を採取《さいしゅ》して塩《しお》を作り、そのちがいを比較《ひかく》する」という研究をしていた鈴木純一《すずきじゅんいち》さんが、塩の作り方を指導《しどう》しにきてくれた。

まずは海水をとりにいく。関野さんから「行ってこい」と司令《しれい》を受けた萩原《はぎわら》くんが、冬の海へ入っていった。なるべくきれいな海水がいいだろうと考えた萩原くんは、海の中をぐんぐんと沖《おき》のほうへ歩いていく。すると、海の底《そこ》がきゅうに深くなったのか、足がよろけて体勢《たいせい》をくずした。

「きゃー」と、女子学生たちがさけんだときには、萩原くんは腰《こし》まで海水につかってしまった。寒い冬の海である。萩原くんは、泣《な》きそうな声で、

「パンツがぬれちゃいました」とさけんだ。その姿《すがた》を見て、関野さんはワハハと大笑《おおわら》いしていた。

パンツがビショビショになった萩原くんは、がっかりした様子で肩《かた》を落とし、みんなが待つ場所へもどってきた。さっきまで大笑いをしていた関野さんは、

着替《きが》え用に持ってきていた自分のパンツを萩原《はぎわら》くんに貸《か》してあげた。もしかしたら海に入るのは自分かもしれないと関野《せきの》さんは考えていたらしい。替《か》えのパンツまで持ってくるなんて、さすが探検家《たんけんか》だ。

関野さんのパンツを借《か》りた萩原くんは、自分のパンツがぬれたショックからまだ立ちなおっていないようで、サイズが大きいだの小さいだのと、ぶつぶつと文句《もんく》をいっていた。

萩原くんがパンツを犠牲《ぎせい》にしてくんできた海水を鍋《なべ》に入れ、火にかける。あとは、時間との戦《たたか》いだ。水分が蒸発《じょうはつ》するまでひたすら待つ。その間、やれることといったら、海水に入りこんだ小さなゴミをちまちまとりのぞくぐらいだ。かきまぜてはゴミをこすという作業のくりかえしに、学生たちは口ぐちに「地道～」とつぶやいた。

火にかけて3時間。水分は地道に蒸発を続《つづ》けている。もとの量《りょう》から10分の1ほどに減《へ》ったところで、海水は白くにごりはじめた。これは海水にふくまれている硫酸《りゅうさん》カルシウムが結晶化《けっしょうか》している状態《じょうたい》で、ここで一度、コーヒーフィルターを使って海水をこし、硫酸カルシウムをのぞいていく。そして、また火にかける。すると、塩《しお》のような固形物《こけいぶつ》が現《あらわ》れはじめた。

「し、塩だ！」

みんなで鍋《なべ》をのぞきこみ、さけんだ。そして、もう一度、フィルターでこし、海水にふくまれている苦汁《にがり》をとりのぞいて完成《かんせい》。さっそく、味見をして、口ぐちにこういった。

「しょっぱい、塩だ……」「塩だ！」「塩だー!!」

海水が塩になったことに感動しながらも、ほかにいうことが思いつかない、そんな様子だった。できあがった塩は、タッパーに入れ、カレーを作る日まで大切に保管《ほかん》する。

朝から始めた塩作り。できあがったころには、夕日がさしこみ、海がキラキラとかがやいていた。学生たちは、鍋などをかたづけながら、冬休みの間の鳥の世話をどうするかを確認《かくにん》しあったり、カレーの材料《ざいりょう》はこれで全部そろったんだっけ？　などと話していた。冬休みが明ければ、カレーを作る日はもうすぐだ。

最後《さいご》の収穫《しゅうかく》

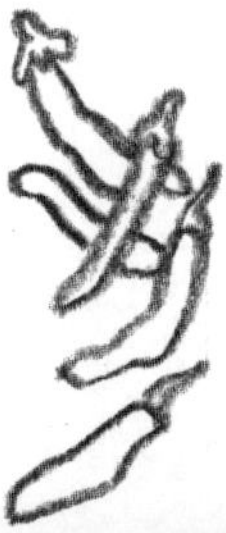

半日で作った塩《しお》にくらべ、もっとも時間がかかった作物は、スパイス類《るい》だった。12月28日の年の瀬《せ》の朝、畑のリーダーの萩原《はぎわら》くんは、ひとり、大学近くの畑に向かっていた。前日に雪が降《ふ》り、畑の土はドロドロになっていて、萩原くん愛用《あいよう》の自転車は、タイヤに泥《どろ》がからみつき、乗れないどころか、引いて歩くだけでも大変《たいへん》な状態《じょうたい》になっていた。

ふうふうといいながら、自転車を引っぱって歩く萩原くんを見ていると、日本中の道という道がなぜこれほどアスファルトで舗装《ほそう》されているのか、少しわかった気がした。

畑に到着《とうちゃく》すると、トウガラシがまっ赤《か》な実をつけていた。さっそく、ハサミでその実をひとつずつ収穫《しゅうかく》していく。予想以上《いじょう》にたくさん育ち、収穫したトウガラシはビニール袋《ぶくろ》にいっぱいだ。萩原《はぎわら》くんは、「こんなにあったら売れそうだな」とひとりごとのようにつぶやいた。

萩原くんは、ふだん近所のスーパーの野菜《やさい》売り場でアルバイトをしている。関野《せきの》ゼミでの農作業がきっかけで、食べ物についてもっと知りたいという思いから働きはじめたという。箱にはいって大量《たいりょう》に届《とど》けられる野菜をスーパーの商品棚《しょうひんだな》に並《なら》べ、売れのこり、傷《いた》んでしまった野菜を回収《かいしゅう》する。回収というのは、つまり「捨《す》てる」ということ。スーパーでは、売れのこった野菜が大量に捨てられているそうだ。

農家が手間ひまかけて育てた作物が大量にゴミになっていく様子を見て、萩《はぎ》原《わら》くんは、最初《さいしょ》はおどろいてショックを受けたそうだが、次第になれていったらしい。捨《す》てられる野菜《やさい》の量《りょう》が多すぎて、食べ物とは思えなくなってくるのだという。

「感覚《かんかく》がおかしくなりますよ」

そういいながら萩原くんは、トウガラシをひとつひとつ、袋《ふくろ》に入れていく。

収穫《しゅうかく》を続《つづ》けながら、萩原くんはふとこうもらした。

「これで、カレーになるんすかね？」

そして、不安《ふあん》そうにこう続けた。

「わからないんです。そもそも自分でカレーを作ったことがないから、いつも食べているカレーライスをどう作るのかを、そもそも知らなくて」

とりあえず、トウガラシがこれだけとれれば、辛《から》い味のものはできそうだねと話をし、続いてショウガを収穫しようということになった。だが、春に植えたショウガはいっこうに芽《め》を出さず、畑にその姿《すがた》は見あたらない。

すると、萩原《はぎわら》くんが「うちにあります」といって、自転車で20分くらいの自《じ》宅《たく》にまねいてくれた。いわれるままに、おじゃましてみると、萩原家の花壇《かだん》のすみでショウガが育っているではないか。萩原くんによると、こういうことだった。

「春にショウガを畑に植えたあと、芽《め》が出てなかったから、やばいと思ってあわてて苗《なえ》を買いにいって、自分の家に植えておいたんです」

萩原くんの家の花壇には、萩原くんのおばあちゃんが育てているというきれいな花が並《なら》んでいる。そのすき間でショウガがニョキニョキと育っていた。シャベルを使って掘《ほ》りおこしてみると、土の中からりっぱなショウガが次つぎに出てきた。「すごい。こんなにできた！」一《いち》か八《ばち》かで植えてみたショウガがよく育ち、萩原くんはうれしそうだ。

トウガラシ、ショウガは無事《ぶじ》にできあがった。萩原家の車庫の奥《おく》には、収穫《しゅうかく》を終えたコリアンダーがつるされている。干《ほ》してかんそうさせ、カレーのスパ

萩原《はぎわら》くんの家で育ったショウガ

イスにするためだ。

ところで、化学肥料《かがくひりょう》を使いたいといっていた萩原《はぎわら》くん。化学肥料の効果《こうか》を知るために、自宅《じたく》でトウガラシを育てていた比較実験《ひかくじっけん》は、そのあとどうなったのか。それについてたずねると、萩原くんはこんな結果《けっか》を教えてくれた。

化学肥料を与《あた》えたトウガラシも有機肥料《ゆうきひりょう》を与えたトウガラシも、生育や実りにまったく変化《へんか》が見られなかったそうだ。そして、「だから化学肥料は必要《ひつよう》ないな、と思った」のだそうだ。

1月11日。年が明け、最後《さいご》の収穫《しゅうかく》の日がやってきた。やってきたのは、春にはじめて種《たね》まきをした青梅《おうめ》の畑だ。最後に収穫するのは、ウコン。ウコンは、ターメリックともいって、カレーの黄色い色のもととなる、どんなカレーにも必《かなら》ず入っているスパイスだ。

萩原くんと集まった学生たちとでウコンを掘《ほ》りおこしていく。収穫までに8か月かかったウコンは、大きく立派《りっぱ》に育っていた。萩原くんは、収穫したウコ

かんそうさせ、スパイスにするためのコリアンダー

ンのうち、ひとつを種《たね》としてとっておくことにした。次の春に植えれば、そこからまた芽《め》をのばし、育つと考えてのことだ。それにしても、大量《たいりょう》のウコンだ。

「こんなにたくさんカレーに入れて大丈夫《だいじょうぶ》なのかな?」

萩原《はぎわら》くんは、そういいながら、土のついたウコンをビニール袋《ぶくろ》に入れていく。

そこにやってきた関野《せきの》さんは、大量のウコンを見て、

「これで、カレーっぽくなるね!」とうれしそうにいった。

カレーを作る日は、1週間後にせまっていた。

カレーライスを一《いち》から作《つく》る

カレー作り、本当にできる？

1月18日。カレーライスの材料《ざいりょう》を作りはじめて9か月。とうとう、カレーを調理して食べるという最大《さいだい》のイベントがやってきた。この日は東京《とうきょう》ではめずらしく、朝から大雪だ。なかなか降《ふ》りやまない雪の中、なんとか大学までたどりつくと、構内《こうない》は白銀の世界になっていた。

こんな天気では、カレー作りは中止かもしれない。そう思いながら、関野《せきの》研究室をたずねると、関野さんはいつもと変《か》わらぬのんびりした様子で、収穫《しゅうかく》された野菜《やさい》をひとつひとつ確認《かくにん》していた。新聞紙に包《つつ》まれたタマネギ、ウコンとショウガ、トウガラシ、ずいぶん前に収穫をしてずっと冷蔵《れいぞう》保《ほ》存《ぞん》をしていたというニンジンとジャガイモ、北島《きたじま》さんのところで作ったお米。そして、小さな卵《たまご》が9個《こ》。12月の終わりにウコッケイが卵を産《う》みはじめてから、学生たちが大切に保管《ほかん》してきたという。

卵《たまご》の表面は、数週間前に産《う》んだものと最近《さいきん》産んだもので、色が微妙《びみょう》にちがっていて、産みたての卵は、うすくてきれいなピンク色をしている。海岸で作った塩《しお》、かんそうさせたコリアンダーも研究室に届《とど》き、肉以外《いがい》の食材《しょくざい》がすべてそろった。

鳥小屋では、ホロホロ鳥《ちょう》は寒さに負けず、元気そうに小屋の中を行ったり来たりしている。人がやってくる気配に気づくと、うれしそうに動きまわっている。いつものように小屋から出してもらい、のびのびと遊びまわりたいのだろう。

そこに、傘《かさ》をさし、雪道を歩きづらそうに近づいてくる学生がいた。ホロホロ鳥飼育担当《しいくたんとう》の宮本《みやもと》さんだ。エサやり当番なの？　とたずねると、

「いや、様子を見にきただけです。最後《さいご》だから」

そういって、「大丈夫《だいじょうぶ》ですかね、今日……」と少し不安《ふあん》そうにつぶやいた。

宮本さんは、あと数時間後にここで起こることを想像《そうぞう》して、複雑《ふくざつ》そうな表情《ひょうじょう》で

こういった。

「いつもやさしかったみんなが集まって自分たちを殺《ころ》すのを、この鳥たちはどう思うんでしょうか。こんなに元気に生きているのに、私《わたし》たちのせいで殺されちゃうんだなって思うと、罪悪感《ざいあくかん》があって……」

そういって、じっと鳥をながめていた。以前《いぜん》、世話を熱心《ねっしん》にする宮本《みやもと》さんに、鳥を殺すことに抵抗《ていこう》はないか？　とたずねたことがあった。宮本さんは、

「今のところ抵抗はない。でも、そのときになってみないとわからない」といっていた。実感が芽《め》ばえ、不安にかられているようだ。そして、複雑な思いをかきけすように覚悟《かくご》を決めてこういった。

「さびしい気持ちはあるけど、この鳥を通して、生きているものを食べていることを自覚《じかく》する経験《けいけん》になるんだと思っています」

そして、鳥小屋をながめ、「鳥たち、寒そうですね」といってほほえんだ。

雪は降《ふ》りつづいていた。

雪が降《ふ》る武蔵野美術大学《むさしのびじゅつだいがく》

殺《ころ》す？殺さない？

じつはこの日の4日前、鳥をめぐって、学生たちの中で、あるできごとが起こっていた。鳥を本当に殺すべきなのか？　みんなで話しあったのだ。呼《よ》びかけたのは、社会人の松永《まつなが》さんだ。かつて、鳥の世話をしながら、「ぼくらの都合で鳥を殺してもいいのか、みんなで話しあいたい」といっていた。それを実行に移《うつ》したのだ。

関野《せきの》さんの研究室に20名弱のゼミ生たちが集まった。この日、都合が悪くて来られない学生は、事前にそれぞれの意見を関野さんにメールで送っていた。まず、そのメールを読んで、それから関野さんがこう話を始めた。

「みんなそれぞれの意見があると思う。でも、みんなのメールを読むと、『もともとペットとして飼《か》ったわけじゃない。食べるために飼ったのだから、途中《とちゅう》で殺《ころ》すのをやめるというのはちがうんじゃないか』という意見が多いと感じています。それに対して、鳥を生かしておいたほうがいいという意見の人はいますか?」

　すると、松永《まつなが》さんが手をあげて話を始めた。

「私《わたし》が今回、この話しあいを提案《ていあん》したのは、ウコッケイが卵《たまご》を産《う》みはじめたことが大きな理由です。ウコッケイが卵を産まなくなるまで育て、肉にして食べるのであれば納得《なっとく》できるのですが、これからまだ卵を産みつづける成長《せいちょう》なかばの鳥を、私たちの都合で殺してしまっていいのでしょうか? まだ生きつづける鳥の命をまっとうさせるためには、卵を産む間は育てていくべきではないでしょうか?」

　松永さんのこの意見に、大学4年生の漆原《うるしばら》くんがこう反論《はんろん》した。

「卵を産まなくなったら殺すっていうのは、『利用価値《りようかち》がなくなったら殺す』という考え方にしか聞こえないです。松永さんはそういうつもりでいってない

関野《せきの》さんの研究室で話しあいが行われた

とは思うんですけど。それなら、卵《たまご》を産《う》まない段階《だんかい》で殺《ころ》したとしても同じことではないでしょうか」

漆原《うるしばら》くんの考えはこうだ。卵を産む前に殺すのも、産みおわってから殺すのも、どちらも人間の都合で、結局《けっきょく》どっちも変《か》わらないんじゃないの？　という意見だ。

ふたりの話を聞いて、関野《せきの》さんはこんな指摘《してき》をした。

「松永《まつなが》さんのいっている『生《せい》をまっとうさせる』という考え方についてだけど、たとえば、野生で暮《く》らす動物はいきなり殺されるよね。生をまっとうさせずに殺されちゃうわけじゃない？　そういうことをしている狩猟民《しゅりょうみん》や漁師《りょうし》のことを非《ひ》難《なん》する？」

育てた動物も、野生の動物も同じ命なんじゃないの？　という問いかけだ。

みんなうつむき、静《しず》かに聞いている。続《つづ》けて、関野さんは、人間が育てる「家《か》畜《ちく》」と「ペット」のちがいについての話を始めた。

「日本人だけじゃなくて、世界中、どこの民族《みんぞく》もペットは食べない。アマゾンでは、ペットにしたインコが死んだら悲しんで3日間は泣《な》きつづける。でも、同じ種類《しゅるい》のインコでも、野にいるのを見つけると、『おいしそうだ』といって、焼《や》いて食べる。はっきりとわけているんだよね。じゃあ、ペットと家畜《かちく》のちがいは何だろうか。ペットはかわいがるために飼《か》う。一方、家畜は、役に立つから飼う。食べるためだけでなく、田畑を耕《たがや》してくれるとか、重い荷物を運んでくれるとか、人間の生活に役立てるためのもの。それはわけているんだよね。世界中のどの民族も。ぼくらだってそうじゃないかな？」

そして、こう続《つづ》けた。

「じゃあ、今回はどうだろう？　鳥を飼ったのは、食べるためだよね？」

関野《せきの》さんのこの問いかけに松永《まつなが》さんはこう反論《はんろん》する。

「食べるために飼っていることはわかっていました。頭では、これは家畜なんだって理解《りかい》していたんですけど、でも、『かわいい』と感じてしまう思いはどうにもおさえられないんです。できることならこの鳥たちを、1日でも長く生かしてあげたいって、そういう思いが自然《しぜん》にわいてきてしまって。ぼくは、たとえ家畜《かちく》であっても、そういう愛情《あいじょう》を持って育てることが大事だと思います」

話しあいに参加《さんか》していた卒業生《そつぎょうせい》のリーさんも、松永《まつなが》さんの意見に同意した。

「松永さんの意見は大事な提案《ていあん》だと思います。命の大切さを学ぶということであれば、もう少し飼《か》ってみてもいいんじゃないでしょうか」

この社会人ふたりの意見を聞いて、学生たちは静《しず》まりかえった。松永さんはさらに話を続《つづ》けていく。

「ぼくは、みんなに考えてほしいんです。生き物の命を絶《た》つっていうことは、これだけ悩《なや》まないと、苦しまないといけない。ぼくはとても葛藤《かっとう》しています。大げさかもしれないけれど、命を絶つというのはそれだけ重大な決断《けつだん》だと思う。だから今、ものすごく重い空気になっているんだよね？　真剣《しんけん》になやんで当然《とうぜん》のことだと思う」

すると、沈黙《ちんもく》した空気を破《やぶ》るように、冨田《とみた》さんが話しはじめた。ウコッケイをヒナから熱心《ねっしん》に世話してきたひとりだ。

「今、重い空気になっているっておっしゃったんですけど、私《わたし》は、かわいそうだからとか殺《ころ》すのがいやだからという思いで重苦しい気持ちになっているわけではないんです。私は鳥を飼《か》いはじめたときからずっと、『おいしいお肉にする』、『おいしいカレーを作る』っていう目標《もくひょう》のためにやってきました。それなのに、なんで今さら、かわいそうだとか、卵《たまご》の話が出てくるのかと、正直おどろいてしまいます。鳥は、カレーの材料《ざいりょう》として育てたのだから、私は屠《ほふ》るべきだと思います」

冨田さんには、大事に育てた鳥を屠《ほふ》り、食べるところまでをきちんと自分で経験《けいけん》したいという思いがある。カレーを一から作るために、野菜《やさい》や米、鳥を育ててきたのだ。冨田さんのこの意見に続《つづ》くように、ほかの学生も「殺さないという判断《はんだん》はちがうんじゃないか?」といった。

一方、ホロホロ鳥《ちょう》を肩《かた》に乗せ、とてもかわいがっていた清水《しみず》さんは、少し遠《えん》慮《りょ》がちにこう話した。

「私《わたし》は、ホロホロ鳥班《はん》として、ホロホロを育ててきて、ホロホロとの思い出はいっぱいあって……。でも、今日、みんなの話を聞いていて、なんかどこかで、家畜《かちく》として飼《か》っていることを忘《わす》れていたなと思いました」

そして、少しさびしそうにこうつけくわえた。

「やっぱり生き物って、人間の都合で処理《しょり》されてしまうものなんですね」

すると、関野《せきの》さんはこう話した。

「ペットを殺《ころ》さないというのも人間の都合だよね。かわいいから殺さない」

その言葉に「かわいいから殺さない、か……」とため息まじりに声が出る。

どこかで、殺さないのは正しいこと、殺すのは悪いこと、とわけて考えてしまうけれど、どちらにしても人間の都合ということなのだ。そして、関野さんはみんなにこんな話をした。

「人間だけでなく、生き物はみんなそれぞれの種《しゅ》の都合で動いているわけだよね」

生きるために、必要《ひつよう》な命を食べることは人間だけでなく、動物たちもやっていること。ウコッケイの飼育《しいく》を担当《たんとう》している髙橋《たかはし》君はこういった。

「クマはサケを何のためらいもなくとって食べる。人間だけが特別《とくべつ》なわけではないと思います。食べるくせに、殺《ころ》すことをいやがるというのは、ちがうと思います」

関野《せきの》さんによると、エスキモーなど、自然《しぜん》とともに暮《く》らしている民族《みんぞく》も、生きていくために必要な分だけを狩猟《しゅりょう》して暮らしているという。でも、必要な分以上《いじょう》をとって、それを商売にしようとする人びとが現《あらわ》れて、多くの動物が絶滅《ぜつめつ》の危機《きき》にさらされているという。

ホロホロ鳥《ちょう》の飼育を担当している福田《ふくだ》さんもこう話した。

「鳥を殺すのも生かすのも覚悟《かくご》がいることだと思います。鳥にとってどっちが幸せなのか、鳥の気持ちはわからない。だから、鳥サイドから考えるのではなく、人間サイドで考えたほうがいいと思います。おいしいカレーを食べたいと期待している人間サイドとしては、殺《ころ》して全部食べるのがいいと思います」

それぞれの意見を聞いたうえで、松永《まつなが》さんは、頭ではわかっているんだけど、という感じでふたたびこう話した。

「大切に育てた鳥だからこそ、自分の手で殺してあげたいという思いがあるのですが、ぼくにはその覚悟《かくご》ができないんです。カレーを作るというぼくらのプロジェクトの都合で、本当に鳥を殺していいものなのか。ぼくはそこを納得《なっとく》したいんです」

松永さんの話を聞きながら、いつもおだやかな関野《せきの》さんの表情《ひょうじょう》が少し変《か》わるのを感じた。そして、こう話しはじめた。

「ぼくらは命を食べないと生きていけないんだよ。塩《しお》と人工添加物《じんこうてんかぶつ》以外《いがい》は、すべてに命がある。ぼくは、動物だけじゃなくて、植物にも命があると思っている。野菜《やさい》だって、米だってそう」

　そういって、松永《まつなが》さんにこう問いかけた。

「たとえば、若《わか》い葉っぱを食べることをどう思う？　成熟《せいじゅく》して、古くなった葉っぱより、新鮮《しんせん》な若い葉っぱのほうがおいしいよね？　でも、それは葉っぱの『生』をまっとうさせていないじゃない。そのことはどう思うの？　申しわけないと思う？」

　松永さんは答えにつまった。そして、つぶやくようにいった。

「葉っぱには……何も感じません」

　それを聞いて、関野《せきの》さんはこういった。

「人間に近ければ近いほど、かわいそうとか、抵抗《ていこう》を感じるんだよね。でも、植物だって生きている命だよね。それは食べてもいいけど、動物だけはかわいそうっていうのは、ぼくはちがうと思う」

　私《わたし》たちはたくさんの命を食べないと生きていけない。その現実《げんじつ》をきちんと自《じ》覚《かく》することが大切なのだと関野《せきの》さんはいっているようだった。鳥の命を考えることによって、野菜《やさい》や米など、植物の命にも思いがおよぶ。一杯《ぱい》のカレーライスには、たくさんの命がつまっているのだ。

話しあいのあと、鳥小屋で松永《まつなが》さんと清水《しみず》さんが鳥の世話をしていた。話しあいについて、どうだったかたずねると、松永さんは、

「納得《なっとく》しました。これで鳥を殺《ころ》す覚悟《かくご》ができました」といった。清水さんもとなりで小さくうなずいた。この話しあいをへて、カレーは予定通り、チキンカレーとなった。松永さんは、まだ少しさびしそうな様子ではあったけれど。

カレー作りは、午後1時すぎから始まった。外はまだ雪がちらついていたが、学生たちは研究室に集まってきた。まずは下準備《したじゅんび》にとりかかる。米をとぎ、土のついた野菜をひとつひとつ洗《あら》っていく。小さくコロコロしているジャガイモは、「皮をむくともっと小さくなってしまう」といって、皮はむかずに芽《め》だけ

自分たちでとったスパイスを、切っていく

をとって具材《ぐざい》にすることにした。収穫《しゅうかく》から時間がたったニンジンは、皮がさけてブヨブヨになっていた。どれも、スーパーでは見ることのない、いびつな形だ。

「商品化されない野菜《やさい》だね」とゼミ生たちは笑《わら》う。そして、

「食べられるよ、大丈夫《だいじょうぶ》」といって、自分たちで育てた野菜をむだにしないようていねいに一口大《ひとくちだい》に切っていく。ショウガとウコンをすりおろし、トウガラシをきざんでいく。

鳥の命《いのち》

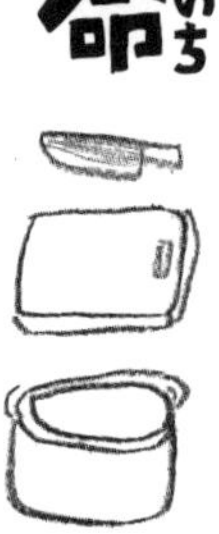

野菜の下ごしらえを終え、関野《せきの》さんと学生たちは鳥小屋へ向かった。日が暮《く》れる中、積《つ》もった雪をギュッギュッとふみしめる音だけがひびく。張《は》りつめた

緊張感《きんちょうかん》がただよい、みんな無言《むごん》だ。松永《まつなが》さんは、鳥の頭を棒《ぼう》で叩《たた》いて気絶《きぜつ》させるために、素振《すぶ》りの練習をしてきたそうだ。覚悟《かくご》を決めている。

鳥小屋に着くと、ホロホロ鳥《ちょう》は学生の気配に気づいて、バタバタと動きまわり、大喜《おおよろこ》びの様子だ。「エサの時間だー！」とでも思っているのだろうか。だが、みんなの様子はいつもとはちがう。

さて、どうやって屠《ほふ》るか。おいしいお肉にするためには、首のけい動脈《どうみゃく》を切って、全身の血をぬかなければならない。でも、首を切ってもすぐに心臓《しんぞう》が止まるわけではないので、暴《あば》れて走りまわったりしては大変《たいへん》だ。おとなしくさせるために、頭をたたいて気絶《きぜつ》させるか、首をひねるか。関野《せきの》さんが「首をひねる方法《ほうほう》にしよう」といった。首をひねって気絶させ、それから首を落とし、鳥を逆《さか》さにしてけい動脈から血をぬいていく。

問題は、それをだれがやるかである。集まった学生は20名ほど。関野さんは、「首を折《お》れる人いない？」とみんなに声をかけた。だが、だれも手をあげない。

もう一度たずねたが、みんな苦にがしい顔をして首をふるだけだ。関野《せきの》さんは、「しかたないな」といって、ホロホロ鳥《ちょう》をそっとだきかかえようとした。すると、ホロホロ鳥がバタバタと暴《あば》れだし、逃《に》げようとする。関野さんは、ホロホロ鳥の両足をつかんでだきかかえた。ホロホロ鳥は、羽を大きくばたつかせ、キーキーとさけびに近い鳴き声を発した。関野さんは、一瞬《いっしゅん》の間に、ホロホロ鳥の首を、ぞうきんを力いっぱいしぼるようにグッとひねった。そして、すぐに鳥をまな板の上に置《お》き、包丁《ほうちょう》で首を切りおとした。わずか数秒のできごとだった。

こんなとき、関野さんは、おだやかな大学の先生の顔から、一歩まちがえれば命を落とすような危険《きけん》を乗りこえてきた探検家《たんけんか》の顔になる。これまで多くの死を見てきた経験《けいけん》がにじむ、けわしい表情《ひょうじょう》だ。

だが、ほとんどの学生たちにとっては、はじめて見る光景《こうけい》。ぼう然《ぜん》と見つめる者、思わず顔をしかめてしまった者、みんな言葉を失《うしな》っている。ついさっきまでていた、生きていたホロホロ鳥《ちょう》が死んだ。

首のないホロホロ鳥はまだ心臓《しんぞう》が動いていて、袋《ふくろ》に入れるとバタバタと羽と足を動かしつづけた。けい動脈《どうみゃく》から出る血が袋の底《そこ》へしたたりおちていく。次はウコッケイだ。学生たちは覚悟《かくご》を決めた様子で、鳥を屠《ほふ》る作業にみずから手をあげた。

最初《さいしょ》に手をあげたのは、ウコッケイを熱心《ねっしん》に育ててきた冨田《とみた》さんだ。話しあいで「屠るべきだ」と松永《まつなが》さんにきっぱりといいはなった、そのみずからの言葉に責任《せきにん》をとるかのように、屠る役目を買ってでた。だが、その表情《ひょうじょう》は、緊張《きんちょう》でこわばっていた。首をひねって落とし、袋の中に入れたウコッケイは、バタバタと真白い羽を動かしつづけ、やがて、静《しず》かになった。

3羽すべての鳥を屠り、作業は終わった。まな板の上には、切りおとされたホロホロ鳥とウコッケイの首が並《なら》んでいた。首だけになったホロホロ鳥の顔を、清水《しみず》さんがそっとさわってなでていた。そのときのことをあとからふりかえり、

ウコッケイの首を、包丁《ほうちょう》で切りおとす

清水《しみず》さんは、こう話した。

「目を閉《と》じている顔を、はじめて見ました……」

みずから鳥を屠《ほふ》った冨田《とみた》さんは、「とにかく必死《ひっし》だった」と話す。ちゃんと首を落とさないといけないという使命感だけがあったという。でも、鳥の首は思っていたよりもかたくて、包丁《ほうちょう》を持つ手がすべってしまい、刃《は》が首になかなか入らず、無我夢中《むがむちゅう》だったそうだ。命への責任《せきにん》が、学生たちをとても緊張《きんちょう》させていた。

もうひとり、みずから屠ることに手をあげた川上《かわかみ》ゆうきさんの表情《ひょうじょう》も忘《わす》れられない。包丁で生きた鳥の首と胴体《どうたい》を切りはなした瞬間《しゅんかん》、緊張と興奮《こうふん》が入りまじった、ものすごく真剣《しんけん》な顔つきをしていた。川上さんは、「食べ物だと思って、ためらっていてはいけないと思ってやりました」と話した。

川上《かわかみ》ゆうきさん

命《いのち》を食べる

日が暮《く》れて、あたりは暗《くら》くなっていた。寒さと、はじめての体験《たいけん》が混《ま》じりあった重い空気をかかえ、学生たちはバケツに入った鳥を研究室に持ちかえった。鳥の体に熱湯《ねっとう》をかけ、みんなでその羽をむしっていく。「ホロホロ鳥《ちょう》の羽はきれいだね」「ウコッケイの皮ふはこんなに黒いんだ」などと、話をしているうちに、さっきまでの緊張《きんちょう》が解《と》けて、学生たちはいつもの様子にもどっていった。

「生き物」だった鳥は、「肉」になっていく。

羽をむしり終わると、包丁《ほうちょう》を使って解体《かいたい》が始まった。肉と内臓《ないぞう》にわけていく。ホロホロ鳥のおなかには、まだ消化されていないお米がこぼれ落ちるほどたくさんつまっていた。

「エサ、たくさん食べてる」と、泣《な》き笑《わら》いをふくんだ表情《ひょうじょう》でいったのは、雪が降《ふ》る中、最後《さいご》だからと鳥小屋をおとずれていた宮本《みやもと》さんだ。エサをたくさん食べて、今日も明日も命をつなぐつもりだったことが見てとれる。ホロホロ鳥《ちょう》のとなりでは、ウコッケイが解体《かいたい》されている。ウコッケイのおなかの中には、まもなく産《う》むはずだったであろう小さな卵《たまご》がいくつも入っていた。

鳥の皮は、いためると油が出るので、野菜《やさい》をいためるのに使うことにした。肉の部分はカレーの具に使い、残《のこ》りの内臓《ないぞう》や骨《ほね》は、モツのスープを作ろうということになった。

この解体作業で、一番大変《たいへん》だったのは、腸《ちょう》の始末《しまつ》だ。腸の中につまったウンコをきれいに出しておかなければならない。だが、その作業は、臭《くさ》くて臭くて、研究室中に臭《にお》いが充満《じゅうまん》した。多くの学生は鼻をつまみ、この作業をやりたがらなかったが、女子学生の吉田《よしだ》さんが、たんたんとひとりでウンコ出しを担当《たんとう》してくれた。マニキュアできれいに彩《いろど》られていた吉田さんの爪《つめ》は、ウンコまみれになっていたが、全然《ぜんぜん》平気な様子で、たくましい。こうして、腸もスープの具《ぐ》

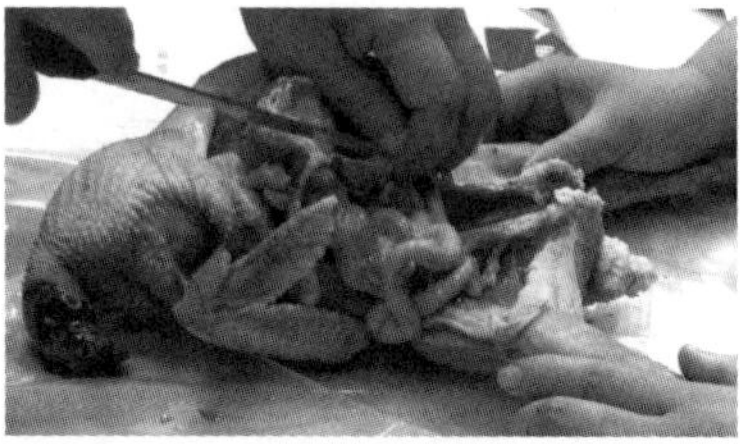

解体《かいたい》されはじめたウコッケイ

材《ざい》のひとつになった。

解体《かいたい》を終えた肉のかたまりがお皿に盛《も》られている。それをじっと見つめている学生がいた。ウコッケイの飼育《しいく》を担当《たんとう》していた髙橋《たかはし》くんだ。ホロホロ鳥《ちょう》とウコッケイをよく散歩《さんぽ》させていた彼《かれ》は、動物がとても好《す》きなのだそうで、このカレー作りも、「鳥を飼《か》ってみたい」という思いから参加《さんか》したほどだ。だが、動物を殺《ころ》すのも解体も苦手。遠くから見ているのがやっとだった。

そんな髙橋くんが、はじめて見るもののように肉のかたまりをじっと見ているので、食べたいと思う？　と少しいじわるな質問《しつもん》をしてみた。すると、髙橋くんはとまどった様子で、少しだまって考えたあとに、「食べたい……とは思っています」と弱よわしくいった。そして、「でも、こわいです」とつぶやいた。何がこわいの？　とたずねると、

「そりゃ、こわいですよ。さっきまで生きていたものをこんなふうに食べるなんて」といった。明らかに動揺《どうよう》していた。

髙橋寛生《たかはしひろき》くん

カレー作りは、料理《りょうり》をしない学生が多い中、長い間主婦《しゅふ》をしてきた津田《つだ》さんがシェフとしてみんなの指揮《しき》をとり、進んでいった。鳥の皮からとった油にコリアンダーの実を入れて風味をつけ、切った野菜《やさい》をいためる。それをふたつの鍋《なべ》にわけ、それぞれに肉を投入し、ウコッケイカレー鍋と、ホロホロ鳥《ちょう》カレー鍋が、ぐつぐつと煮《に》えていく。肉のうまみが出て、おいしそうなスープといった感じだ。

だが、そこで事件《じけん》が起こる。「なんだか、カレーっぽくないね」という不安《ふあん》の声があがったのだ。それを聞いた松永《まつなが》さんが、「ウコンをたくさんいれればカレーになるよ」といって、すりおろしたウコンをお玉いっぱいに盛《も》り、ウコッケイの鍋にどぼんと入れたのだ。津田シェフが席《せき》を外した瞬間《しゅんかん》のできごとだった。

大量《たいりょう》のウコンが入った鍋は、たしかに黄色くなって、カレーらしくなった。だが、味見すると「うっっ！　苦い!!」「何だ、これ?」あまりの苦さにせきこむ学生までいたほどだ。ウコンまみれのウコッケイカレー。何とか味を修正《しゅうせい》しようと、塩《しお》を入れたり、トウガラシを入れたり、味見をくりかえしながら、限《かぎ》られた材料《ざいりょう》で四苦八苦《しくはっく》……。しかし、時間は二度ともどらない。一度入れてしまったウコンは、あともどりのできない謎《なぞ》の味わいを残《のこ》すこととなった。

お米が炊《た》きあがり、手作りの器《うつわ》にご飯《はん》をよそい、順番《じゅんばん》にカレーを盛《も》っていく。「カレーのような、カレーじゃないような……」「辛《から》いような、苦いような……」味見をした学生が言葉をにごすウコッケイカレーと、そんなアクシデントもなく、できあがったホロホロ鳥《ちょう》カレー。津田《つだ》シェフは、みんなをはげますように「ハーフ&ハーフが人気ですよ」といって、学生たちの器にふたつのカレーを半分ずつ盛ってあげていた。べつの鍋《なべ》では、鳥の内臓《ないぞう》と骨《ほね》でだしをとったモツスープが、トウガラシと海の塩で味つけされていた。

みんながカレーを食べる準備《じゅんび》ができたところで、関野《せきの》さんが、食べる前に少しだけ、といって話を始めた。

できあがったカレーを盛《も》りつける

このカレー作りは、多くの人たちの協力《きょうりょく》があってこそ実現《じつげん》できたこと、そして、自分たちで育てた命を食べるという経験《けいけん》をきちんと感じとってほしい、と話した。

「みんなにとっては、今日、はじめて経験することだと思います。ぼくがすごしていた南米《なんべい》のアマゾンでは、命を食べて生きていることを毎日実感できます。でも、私《わたし》たちが暮《く》らす日本では、食べ物と命がむすびつきづらい。そして、それがあたりまえになっている。一からカレーライスを作ることで、そのことを実感してほしいと思っています」

関野《せきの》さんの話をみんな真剣《しんけん》な表情《ひょうじょう》で聞きいった。

この日、カレーを作りはじめたのは、午後1時すぎで、できあがったのは夜の9時。さすがにみんなおなかをすかせている。たとえ、どんな味でも、今ならおいしく食べられそうだ。

そんな、みんなの待ちどおしい思いを感じとってか、関野さんは、こう切りだした。

「4月から始めて、5、6、7……、え、こんなにかかってるんだ」と少しおどろきながら、

「9か月かけて作ったカレーをみんなでいただきましょう。いただきます！」

関野《せきの》さんの言葉につづいて、学生たちも「いただきます！」と元気よく声をあげた。この9か月のできごとへの思いがつまった、心のこもった声が部屋いっぱいにひびいた。

エピローグ

カレーを食べた日、私《わたし》はみんなにインタビューをした。この9か月間のこと、そして鳥をしめたことやカレーの味について、みんな、それぞれの思いを素直《すなお》に語ってくれた。

ウコッケイの首をはねた冨田《とみた》さんは、ひとつひとつの食材《しょくざい》に思いをはせ、「これだけの時間がかかるんだ、というのが、率直《そっちょく》な感想です」といった。

畑のリーダーをしていた萩原《はぎわら》くんは、全体をふりかえり、「畑の雑草《ざっそう》とりが一番大変《たいへん》でした」としみじみと語った。カレーの味については、たくさんとれたウコンを大量《たいりょう》にいれてしまったために、「苦いっす。漢方薬《かんぽうやく》みたい」と少し残念《ざんねん》そうに話した。

ホロホロ鳥《ちょう》の世話をしていた宮本《みやもと》さんは、

「食材《しょくざい》を自分たちで作ってみると、やっぱりとてもむずかしい。そう思うと、スーパーに並《なら》んでいるものが、どれほどきれいなものばかりかを実感します。あたりまえと思っていたものは、あたりまえじゃなかった」と話した。

肉のかたまりを見て、食べるのがこわいといっていた髙橋《たかはし》くんは、ウコッケイの肉をかみしめながら、

「いつも食べている鳥の味がします。もっと泣《な》きながら食べると思っていたけど、やっぱりおいしいですね」と話した。

ホロホロ鳥《ちょう》を肩《かた》に乗せてかわいがっていた清水《しみず》さんは、ホロホロ鳥の肉をほおばりながら、

「かたくて、かみごたえがあっておいしいです。でもちょっと複雑《ふくざつ》かも」といって苦笑《にがわら》いした。

この9か月の活動が学生たちにもたらしたものは、なんだったのか。そのことを学生たちにたずねると、今はまだよくわからないという答えが多かった。

考えてみれば、「一から作る」ことに9か月もかかったのだから、何かの答えにたどりつくまでにはもっと長い時間がかかるにちがいない。

関野《せきの》さんはこんなふうに考えている。体を通して学んだことは、すぐに結果《けっか》は出ないし、そもそも、すぐに身につく知識《ちしき》を教えているつもりもない。そのうえで、学生たちへの思いをこう語る。

「10年ぐらいたって、あのときのことは、こういうことだったんだって感じればいいんじゃないの？」

答えはすぐに出なくていい。いつまでも待つ。それが関野ゼミなのだ。

冬があけ新学期、新たなメンバーが集まって、一からカレーライスを作る活動がまたスタートした。2年生になった萩原《はぎわら》くんは、引きつづき関野ゼミに通い、カレー作りに参加《さんか》している。畑に手作りの肥料《ひりょう》をまきながら、後輩《こうはい》たちに「なぜ化学肥料を使ってはいけないか」を話しているという。

大切に育てた鳥を「屠《ほふ》るべきだと思います」といって、みずからその首を切り落とした冨田《とみた》さんは、しばらく鳥肉が食べられなくなったという。スーパーでパックに入って並《なら》ぶ肉を見たとき、「この鳥はどんなふうに育てられたのだろうか?」ということが頭をよぎり、どうやって作られたのかがわからないものを食べることに抵抗《ていこう》を感じてのことだそうだ。

一からカレーを作ったことで、あたりまえだったものがあたりまえではなくなった。冨田さんは、その引っかかりによって、授業《じゅぎょう》が長い休みに入ると、農業の現場《げんば》を知るための活動をするようになった。

関野《せきの》ゼミでは、次はシーフードカレーに挑戦《ちょうせん》するそうだ。「一から」のために海へ出かけるという。関野さんと学生たちの探検《たんけん》は続《つづ》いている。

巻《かん》末《まつ》 追《つい》加《か》インタビュー

Q 授業《じゅぎょう》のあと、何か気持ちや、生活に変化《へんか》はありますか？

野菜《やさい》を育てています

萩原陸《はぎわらりく》くん

畑《はたけ》のリーダーだった萩原《はぎわら》くんは、今、家の庭でナス、トマト、ピーマン、きゅうり、落花生などを育てているそうだ。肥料《ひりょう》は、腐葉土《ふようど》と米ぬかをまぜたたい肥《ひ》をつかっている。ごはんのときに1品作るくらいは、何か野菜《やさい》がとれるらしい。

ホロホロ鳥担当《ちょうたんとう》の福田《ふくだ》さんは、大好《だいす》きだった菓子《かし》パンやジュースを口にする機会《きかい》がへったらしい。甘《あま》いジュースを買おうとしたら、『ブドウ糖《とう》、果糖《かとう》、液糖《えきとう》』とかいてあって、「なんじゃそりゃ」と思ったみたい。あと、「お料理《りょうり》する回数がふえた」そうだ。

福田清華《ふくださやか》さん

ジュースより、
お茶を飲んで
います

売られている
お肉が、
きれい！

川上《かわかみ》ゆうきさん

ウコッケイ担当《たんとう》の川上《かわかみ》さんは、スーパーで売られているお肉を見て、自分たちの育てたお肉とくらべて、「すごくきれいで、全然《ぜんぜん》ちがうなあ、どうやって、あんなふうに作るんだろう」と思ったそうだ。

Q もし、もう一度やるなら、どんなことをしますか？

授業《じゅぎょう》が終わったあと、芝浦《しばうら》屠《と》場《じょう》へ見学に行った、ホロホロ鳥担当《ちょうたんとう》の清水《しみず》さん。ただ、そのことを知りあいに話すと、「お肉を食べるのは好《す》きだけど、自分は、殺《ころ》されているところを見たくない」という人もいたそうだ。「いただきます、という言葉があるように、命をもらっているということを、もっと実感してもいいのかなと思いました」と話していた。

清水智香子《しみずちかこ》さん

人間って、ずるいなと思った

鳥をもっと大きくしたい！

宮本苑佳《みやもとそのか》さん

ホロホロ鳥《ちょう》担当《たんとう》の宮本《みやもと》さんは、もっと計画的《けいかくてき》に、早く鳥を飼《か》って大きく育て、肉が多いカレーを作ってみたいそうだ。ウコッケイ担当の川上さんも、飼《か》うウコッケイを、あと2匹《ひき》くらい増《ふ》やしたいと言っていた。ちなみに、今回育てたウコッケイは、ストレス解消《かいしょう》にと思って散歩《さんぽ》をさせすぎたからか、少し肉がかたかったそうだ。

鳥のエサから、自分で作る！

冨田春香《とみたはるか》さん

ウコッケイ担当《たんとう》の冨田《とみた》さんは、人工的《てき》な飼料《しりょう》などを使わず、なるべく自然《しぜん》に近い環境《かんきょう》で鳥を飼《し》育《いく》する方法《ほうほう》(自然養鶏《しぜんようけい》)を勉強したそうだ。次は、エサを自分たちで作りたいと言っていた。米ぬか類《るい》と穀類《こくるい》、おから、腐葉土《ふようど》、籾《もみ》がら、野菜のくずなどを混《ま》ぜて、魚のあらを火にかけてくだいて加《くわ》え、発酵《はっこう》させて作るのだそうだ。

ポプラ社ノンフィクション 29　～生きかた～
関野吉晴ゼミ　**カレーライスを一から作る**

2017 年 11 月　第 1 刷
2025 年 2 月　第 8 刷

著――――――――前田亜紀
取材協力――――――小野地 悠　川上ゆうき　北島勝俊　熊谷幸治
齊藤朋久　清水智香子　鈴木純一　津田千鶴
栃木裕　冨田春香　並木大治　野口敏宏
萩原陸　福田清華　松永健吾　宮本苑佳
山田謙司　リー智子（50 音順）
装丁・レイアウト――矢萩多聞
校正・校閲――――海老沢基嗣

〈本書は映画「カレーライスを一から作る」（監督：前田亜紀　製作：ネツゲン）の内容を、児童向けに再構成したものです。〉

発行者――――――加藤裕樹
発行所――――――株式会社ポプラ社
〒 141-8210　東京都品川区西五反田 3-5-8
JR 目黒 MARC ビル 12 階
ホームページ　www.poplar.co.jp
印刷――――――――中央精版印刷株式会社
製本――――――――株式会社ブックアート

N.D.C.916/207P/20cm　ISBN978-4-591-15592-9

P4047029